NCERT प्रैक्टिस

वर्कबुक

हिंदी रिमझिम

रोशनी देसाई

✽ arihant

अरिहन्त प्रकाशन (स्कूल डिवीज़न सीरीज़)

✳arihant

अरिहन्त प्रकाशन (स्कूल डिवीज़न सीरीज़)
सर्वाधिकार सुरक्षित

卐 **रजि. कार्यालय**

'रामछाया' 4577/15, अग्रवाल रोड, दरिया गंज, नई दिल्ली- 110002
फोन: 011-47630600, 43518550

卐 **मुख्य कार्यालय**

कालिन्दी, टी०पी० नगर, मेरठ (यूपी)– 250002
फोन: 0121-7156203, 7156204

卐 **शाखा कार्यालय**

आगरा, अहमदाबाद, बरेली, बंगलुरु, चेन्नई, दिल्ली, गुवाहाटी, हैदराबाद, जयपुर, झाँसी, कोलकाता, लखनऊ, नागपुर तथा पुणे

PO No : TXT-XX-XXXXXXX-X-XX

PUBLISHED BY ARIHANT PUBLICATIONS (INDIA) LTD.

'अरिहन्त' की पुस्तकों के बारे में अधिक जानकारी के लिए हमारी वेबसाइट **www.arihantbooks.com** पर लॉग इन करें या **info@arihantbooks.com** पर सम्पर्क करें।

Follow us on... 📘 🐦 ▶️ 📷

प्रोडक्शन टीम

पब्लिशिंग मैनेजर
केशव मोहन, अमित वर्मा

प्रोजेक्ट कॉर्डिनेटर
मनीष कुमार

प्रोजेक्ट एडिटर
अविनाश झा

कवर डिजाइनर
शानू मंसूरी

इनर डिजाइनर
रवि नेगी

प्रूफ रीडर
प्रीति

9 789327 196740

वर्कबुक की आवश्यकता क्यों ?

किसी भी विषय को सीखने के लिए व उसमें दक्षता प्राप्त करने के लिए 'अभ्यास' सबसे महत्त्वपूर्ण आवश्यकता है। अभ्यास के माध्यम से ही विद्यार्थियों में ज्ञान का विकास होता है तथा उनकी स्मरण शक्ति में वृद्धि होती है। विद्यार्थियों को आवश्यक अभ्यास करवाने के लिए ही इस वर्कबुक को तैयार किया गया है। इस वर्कबुक के बारे में विस्तृत जानकारी नीचे दी गयी है तथा यह समझाया गया है कि यह वर्कबुक विद्यार्थियों के लिए किस प्रकार से उपयोगी है।

पूर्णत: NCERT पाठ्यपुस्तक पर आधारित

यह वर्कबुक पूर्णत: NCERT पाठ्यपुस्तक पर आधारित है, NCERT ही एकमात्र ऐसी पाठ्यपुस्तक है जो भारत सरकार व CBSE द्वारा स्कूलों के लिए Recommend की गयी है। इस वर्कबुक में NCERT के पाठों की विषयवस्तु पर आधारित विभिन्न प्रकार के प्रश्न दिए गए हैं। इन प्रश्नों का अभ्यास करके विद्यार्थी NCERT पाठ्यपुस्तक के अध्यायों का सम्पूर्ण रूप से अभ्यास कर सकते हैं तथा उन पर अपनी पकड़ मजबूत कर सकते है।

एकमात्र सम्पूर्ण वर्कबुक

अरिहन्त वर्कबुक, एकमात्र ऐसी वर्कबुक है, जिसमें पाठ्यक्रम के सभी खण्डों क्रमश: पाठ्यपुस्तक, व्याकरण, लेखन व अपठित बोध का समावेश किया गया है। इस प्रकार यह वर्कबुक विद्यार्थियों को परीक्षाओं की संपूर्ण तैयारी कराने में समर्थ है।

वर्कबुक – उद्देश्य, उपयोग एवं विशेषताएँ

इस वर्कबुक के प्रत्येक अध्याय में विभिन्न प्रकार के प्रश्नों का समावेश किया गया है, जो NCERT पुस्तकों के अध्यायों को सम्पूर्ण रूप से कवर करते हैं। इस प्रकार यह वर्कबुक विद्यार्थियों द्वारा कक्षा में पढ़े जाने वाली सामग्री का व्यवस्थित अभ्यास देती है। अत: यह वर्कबुक कक्षा में अथवा अपने घर पर दोनों जगह समान रूप से उपयोगी है।

इस वर्कबुक की कुछ विशेषताएँ निम्न हैं–

- सभी खण्डों क्रमश: पाठ्यपुस्तक, व्याकरण, लेखन व अपठित बोध का सम्पूर्ण कवरेज।
- NCERT के सभी अध्यायों का विस्तृत कवरेज।
- विभिन्न प्रकार के प्रश्नों का समावेश जैसे ; रिक्त स्थानों की पूर्ति, सत्य-असत्य, मिलान, बहुविकल्पीय, अति लघु उत्तरीय व लघु उत्तरीय प्रश्न आदि।

इस वर्कबुक में दी गयी सम्पूर्ण पाठ्य-सामग्री निश्चित रूप से विद्यार्थियों की विषय सम्बन्धी क्षमताओं व उनके विश्वास में वृद्धि करेगी। इस वर्कबुक के द्वारा विद्यार्थी हिन्दी विषय के प्रति अपनी कठिनाइयों तथा प्रश्नों को हल करते समय अपने मन में उठने वाले सन्देहों को आसानी से दूर कर पाएँगे।

हम अध्यापकों, विद्यार्थियों व अभिभावकों से अपील करते हैं, कि वे इस वर्कबुक के सुधार के लिये अपने सुझावों को प्रस्तुत करें। हम सभी सुझावों को इस वर्कबुक के अगले संस्करणों में समाहित करने का प्रयास करेंगे।

प्रकाशक

विषय सूची

01

ऊँट चला

पाठ आधारित प्रश्न

1 प्रश्नों के सही विकल्प पर (✓) का निशान लगाइए।

(i) ऊँट कैसे चल रहा है?

(क) स्थिर होकर ☐ (ख) हिल-डुलकर ☐

(ग) नाच-नाचकर ☐ (घ) झूम-झूमकर ☐

(ii) ऊँट कैसा है?

(क) मोटा ☐ (ख) छोटा ☐

(ग) ऊँचा ☐ (घ) पतला ☐

(iii) चलते समय ऊँट का कौन-सा अंग (भाग) उठा हुआ है?

(क) आँख ☐ (ख) नाक ☐

(ग) पैर ☐ (घ) पीठ ☐

(iv) कविता में ऊँट के द्वारा क्या ढोने की बात की गई है?

(क) लकड़ी ☐ (ख) रूई ☐

(ग) मिट्टी ☐ (घ) बोझ ☐

(v) जब ऊँट थक जाएगा तो वह क्या करेगा?

(क) बैठेगा   □   (ख) दौड़ेगा   □

(ग) हँसेगा   □   (घ) रोएगा   □

2 नीचे दिए गए कथनों में सत्य कथन के लिए (✓) तथा गलत कथन के लिए (✗) का चिह्न लगाइए।

(i) ऊँट की गर्दन बहुत छोटी है।   □

(ii) ऊँट पूँछ उठाकर चल रहा है।   □

(iii) ऊँट बालू में भी आसानी से चल सकता है।   □

3 रिक्त स्थान भरिए।

(i) कविता में ऊँट __________ रहा है।   (सो/चल)

(ii) ऊँट बालू में नहीं __________ ।   (फँसेगा/जाएगा)

4 निम्नलिखित प्रश्नों के उत्तर दीजिए।

(i) ऊँट के शरीर के कौन-कौन से अंग ऊँचे हैं? कविता के आधार पर बताइए।

(ii) कविता में ऊँट के किस-किस अंग का उल्लेख है?

(iii) कविता में ऊँट के द्वारा कौन-कौन से काम करने की बात कही गई है?

(iv) ऊँट के बारे में क्या नहीं बताया जा सकता?

भाषा आधारित प्रश्न

1 दिए गए शब्दों के सही विलोम (उल्टे) शब्द दिए गए विकल्पों में से चुनकर लिखिए।

उठना, रुकना, बुरा

    (i) ऊँचा — नीचा   (ii) चलना — __________

    (iii) बैठना — __________   (iv) भला — __________

2 समान अर्थ बताने वाले शब्द को समानार्थी या पर्यायवाची शब्द कहते हैं; जैसे—सूरज-सूर्य, भोजन-खाना आदि।

नीचे दिए गए शब्दों का उनके सही पर्यायवाची शब्द से मिलान कीजिए।

शब्द	पर्यायवाची
(i) ढोना	(क) रेत
(ii) भला	(ख) उच्च
(iii) बोझ	(ग) लादना
(iv) बालू	(घ) भार
(v) ऊँचा	(ङ) अच्छा

3 अनुनासिक (ँ) को सही स्थान पर लगाइए एवं निम्नलिखित शब्दों को दोबारा से लिखिए।

    (i) ऊट __________

    (ii) ऊची __________

    (iii) फसेगा __________

4 बॉक्स में से छाँटकर नीचे दिए गए शब्दों के मिलते-जुलते शब्द लिखिए।

(i) चला

(ii) ढोने

(iii) बालू

(iv) फँसेगा

(v) बात

5 दिए गए ऊँट के चित्र में से उसके शरीर के अंगों के नाम पहचान कर लिखिए।

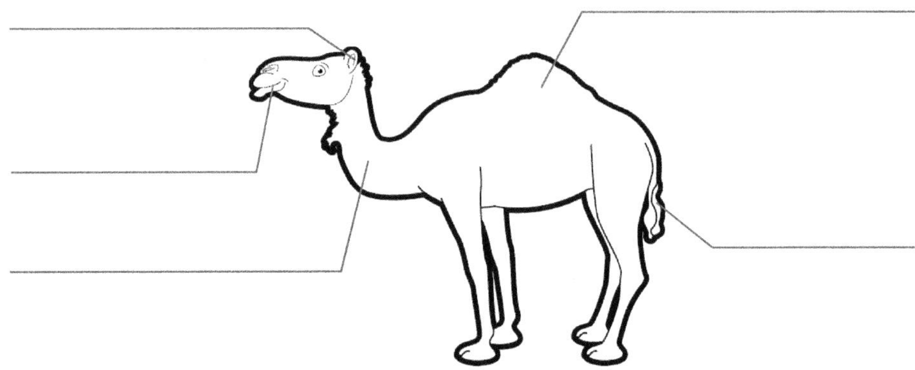

02

भालू ने खेली फ़ुटबाल

पाठ आधारित प्रश्न

1 प्रश्नों के सही विकल्प पर (✓) का निशान लगाइए।

(i) भालू किस वक्त सैर के लिए निकला था?

(क) रात के वक्त   (ख) शाम के वक्त

(ग) सुबह के वक्त   (घ) दोपहर के वक्त

(ii) जामुन के पेड़ के नीचे कौन सोया हुआ था?

(क) बिल्ली का बच्चा   (ख) शेर का बच्चा

(ग) भालू का बच्चा   (घ) चूहे का बच्चा

(iii) भालू ने शेर के बच्चे को कितनी बार उछाला?

(क) 2 बार   (ख) 3 बार

(ग) 10 बार   (घ) 12 बार

(iv) माली ने शेर के बच्चे से क्या माँगा?

(क) जामुन   (ख) हर्जाना

(ग) 'क' और 'ख' दोनों   (घ) इनमें से कोई नहीं

2 नीचे दिए गए कथनों में सत्य कथन के लिए (✓) तथा गलत कथन के लिए (✗) का चिह्न लगाइए।

(i) भालू ने शेर के बच्चे को देखते ही पहचान लिया था।

(ii) माली शेर के बच्चे को प्यार करने लग गया।

(iii) माली के जाते ही शेर का बच्चा भी भाग गया।

3 बॉक्स में दिए गए शब्दों की सहायता से खाली स्थान भरिए।

> *ज़मीन, माली, गर्मी, सैर, थक*

(i) _______________ पर निकलने के बाद भालू साहब पछता रहे थे।

(ii) भालू जी फुटबॉल खेलकर _______________ हासिल करना चाहते थे।

(iii) शेर के बच्चे को बार–बार उछालने के कारण भालू जी _______________ गए थे।

(iv) आखिरी बार उछालने के बाद शेर का बच्चा _______________ पर आ गिरा।

(v) शेर का बच्चा _______________ से डरकर भाग गया।

4 पाठ के आधार पर बताइए कि कौन कैसा था?

> *शरारती, गुस्सेवाला, समझदार*

(i) भालू _______________

(ii) शेर का बच्चा _______________

(iii) माली _______________

5 निम्नलिखित प्रश्नों के उत्तर दीजिए।

   (i) सर्दियों से बचने के लिए शेर का बच्चा कहाँ व किस प्रकार सोया हुआ था?

   (ii) भालू साहब ने शेर के बच्चे को क्या समझकर उछाल दिया था?

   (iii) ऊपर उछाले जाने के बाद हड़बड़ी में शेर के बच्चे ने क्या किया?

   (iv) ऊपर से गिरते हुए शेर के बच्चे को किसने लपक लिया?

   (v) शेर के बच्चे को क्या करने में मज़ा आ रहा था?

   (vi) शेर के बच्चे पर माली क्यों बरसा था?

6 नीचे दी गई पंक्तियों को पढ़कर पूछे गए प्रश्नों के सही उत्तर का चयन कीजिए।
आँखें फैलाई, अक्ल दौड़ाई–अहा फुटबॉल। सोचा, चलो इससे खेलकर कुछ गर्मी
हासिल की जाए। आव देखा न ताव। भालू जी ने पैर से उछाल दिया शेर के बच्चे को।
हड़बड़ी में शेर का बच्चा दहाड़ा और फिर पेड़ की एक डाल पकड़ ली।

   (i) भालू जी ने फुटबॉल देखकर क्या सोचा?

   (क) खेलने को   (ख) भागने को

   (ग) बैठने को   (घ) सोने को

   (ii) 'पेड़' का समानार्थी शब्द है–

   (क) वृक्ष   (ख) तना

   (ग) जड़   (घ) टहनी

भाषा आधारित प्रश्न

1 नीचे दिए गए शब्दों को उनके अर्थ से मिलाइए।

शब्द		अर्थ	
(i)	वक़्त	(क)	जुर्माना या दंड
(ii)	कोहरा	(ख)	जल्दी में
(iii)	हड़बड़ी	(ग)	समय
(iv)	हर्जाना	(घ)	धुंध
(v)	लपकना	(ङ)	दुःखी होना
(vi)	पछताना	(च)	पकड़ना

2 नीचे दिए गए शब्दों के सही विलोम (उल्टे) शब्द विकल्प में से चुनकर लिखिए।

> *गए, पिछले, उधर*

(i) नीचे   ऊपर   (ii) इधर _______

(iii) आए _______   (iv) अगले _______

3 नीचे दिए गए शब्दों में अनुस्वार और अनुनासिक का प्रयोग सही तरह से कीजिए।
जैसे— अनुस्वार—जंग, तंग, रंग;
अनुनासिक—माँ, मुँह, पूँछ

(i) परतु _______ (परंतु/परँतु)

(ii) फसा _______ (फंसा/फँसा)

(iii) आखें _______ (आंखें/आँखें)

(iv) वहा _______ (वहाँ/वहां)

03

म्याऊँ, म्याऊँ

पाठ आधारित प्रश्न

1 प्रश्नों के सही विकल्प पर (✓) का निशान लगाइए।

(i) 'म्याऊँ म्याऊँ' कविता में एक रात कौन सोई हुई थी?

(क) बिल्ली ☐   (ख) चुहिया ☐

(ग) लड़की ☐   (घ) चींटी ☐

(ii) 'म्याऊँ–म्याऊँ' कविता में लड़की एकाएक कैसे रोने लगी?

(क) चिल्लाकर ☐   (ख) बिलखकर ☐

(ग) खिलखिलाकर ☐   (घ) सुबककर ☐

(iii) लड़की सचमुच किससे बहुत डर गई थी?

(क) बिल्ली से ☐   (ख) चुहिया से ☐

(ग) रात से ☐   (घ) कुत्ते से ☐

2 बॉक्स में दिए गए शब्दों को छाँटकर खाली स्थान भरिए।

(i) चुहिया के चूँटी काटते समय लड़की

——————————————————— रही थी।

(ii) लड़की को ———————————————

से बचने का एक बहाना सूझा।

(iii) लड़की चुहिया को

——————————————— चाहती थी।

3 निम्नलिखित प्रश्नों के उत्तर दीजिए।

(i) लड़की क्यों रोने लगी?

(ii) चुहिया ने लड़की को कहाँ चूँटी काटी थी?

(iii) चुहिया को खड़ी देखकर लड़की का क्या हाल हुआ?

(iv) चुहिया को देखकर लड़की को क्या सूझा?

(v) लड़की ने चुहिया को कैसे डराया?

भाषा आधारित प्रश्न

1 नीचे दिए गए शब्दों को उनके अर्थ से मिलाइए।

शब्द	अर्थ
(i) सच	(क) बार-बार
(ii) एकाएक	(ख) सत्य
(iii) घड़ी-घड़ी	(ग) थोड़ा
(iv) ज़रा	(घ) अचानक

2 दिए गए शब्दों के सही विलोम (उल्टे) शब्द बॉक्स में से चुनकर लिखिए।

> जागी, झूठ, बैठी, तेज़, दिन, हँसती

(i) रात _______________ (ii) सोई _______________

(iii) रोती _______________ (iv) सच _______________

(v) खड़ी _______________ (vi) धीरे _______________

3 बॉक्स में दिए गए अक्षरों की सहायता से नीचे दिए गए शब्दों को पूरा कीजिए।

> या, का, ब, क, रा

(i) ड ____ ना (ii) ____ हा ना

(iii) चु हि ____ (iv) ए ____ ए ____

4 सही शब्दों पर गोला लगाइए।

(i)	सोइ	सोई	सौई
(ii)	रोइ	रौइ	रोई
(iii)	बहुत	बहोत	बहूत
(iv)	घरी	घड़ी	घढ़ी

5 दिए गए अक्षरों को सही क्रम में लिखिए।

जैसे—म ल क—क म ल

(i) को झ मु ___________ (ii) क ना ___________

(iii) क र दे ख ___________ (iv) ख क र ल बि ___________

6 मिलते-जुलते शब्द लिखिए।

बड़ी, गोली, खोती, पर, कभी, लड़ी, होली, पोती, डर, अभी

(i) भर ___________

(ii) रोती ___________

(iii) बोली ___________

(iv) घड़ी ___________

(v) तभी ___________

7 क्या आप जानते हैं?

(i) लड़की को किसने काटा, चींटी ने या चुहिया ने? ___________

(ii) म्याऊँ-म्याऊँ किसने बोला, लड़की ने या बिल्ली ने? ___________

04

अधिक बलवान कौन?

पाठ आधारित प्रश्न

1 प्रश्नों के सही विकल्प पर (✓) का निशान लगाइए।

(i) सूरज किसकी बात मान गया?

(क) हवा की   ☐   (ख) आदमी की   ☐

(ग) नदी की   ☐   (घ) पर्वत की   ☐

(ii) आदमी की क्या उड़ गई?

(क) छतरी   ☐   (ख) कमीज़   ☐

(ग) कोट   ☐   (घ) टोपी   ☐

(iii) हवा के तेज़ चलने से कौन नीचे गिर पड़ा?

(क) कुत्ता   ☐   (ख) आदमी   ☐

(ग) बच्चा   ☐   (घ) ये सभी   ☐

(iv) कौन तपने लगा था?

(क) हवा   ☐   (ख) सूरज   ☐

(ग) नदी   ☐   (घ) तालाब   ☐

2 बॉक्स में दिए गए शब्दों को चुनकर खाली स्थान भरिए।

गर्मी, ताकत, हाथ, आदमी

  (i) हवा ने अपनी —————————— दिखानी शुरू की।

  (ii) अंत में —————————— ने कोट के बटन खोल दिए।

 (iii) सूरज की —————————— और बढ़ी।

  (iv) आदमी ने कोट उतार दिया और उसे —————————— में ले कर चलने लगा।

3 निम्नलिखित प्रश्नों के उत्तर दीजिए।

  (i) सूरज और हवा के बीच में क्या तय हुआ?

  (ii) हवा ने अपनी ताकत कैसे दिखाई?

 (iii) तेज़ हवा चलने के बाद भी आदमी का कोट क्यों नहीं उड़ा?

  (iv) सूरज को नमस्कार किसने किया?

  (v) आदमी के कोट उतरने के बाद हवा ने सूरज से क्या कहा?

 (vi) अंत में जीत किसकी हुई और क्यों?

4 नीचे दी गई पंक्तियों को पढ़कर पूछे गए प्रश्नों के सही उत्तर दीजिए।

एक बार हवा और सूरज में बहस छिड़ गई। हवा ने सूरज से कहा—''मैं तुमसे अधिक बलवान हूँ।'' सूरज ने हवा से कहा—''मुझमें तुमसे ज़्यादा ताकत है।'' इतने में हवा की नज़र एक आदमी पर पड़ी। हवा ने कहा—''इस तरह बहस करने से कोई फ़ायदा नहीं है। जो इस आदमी का कोट उतरवा दे, वही ज़्यादा बलवान है।''

(i) एक बार किसमें बहस छिड़ गई?

   (क) कुत्ता और बिल्ली में ☐

   (ख) हवा और सूरज में ☐

   (ग) हाथी और भालू में ☐

   (घ) शेर और चूहे में ☐

(ii) ''मैं तुमसे अधिक बलवान हूँ।'' किसने कहा?

   (क) सूरज ने ☐

   (ख) कोट ने ☐

   (ग) बारिश ने ☐

   (घ) हवा ने ☐

(iii) सूरज ने हवा से क्या कहा?

____

(iv) इस तरह बहस करने से कोई __________ नहीं है।

(v) जो इस आदमी का कोट उतरवा दे, वही ज़्यादा __________ है।

भाषा आधारित प्रश्न

दिए गए शब्दों का वाक्य में प्रयोग कीजिए।

शब्द	वाक्य
(i) सूरज	
(ii) गर्मी	

05 दोस्त की मदद

पाठ आधारित प्रश्न

1 प्रश्नों के सही विकल्प पर (✓) का निशान लगाइए।

(i) माँद में कौन रहता था?

(क) लोमड़ी

(ख) बंदर

(ग) कछुआ

(घ) तेंदुआ

(ii) अपनी धीमी चाल के कारण कछुआ कहाँ तक नहीं पहुँच पाया?

(क) तालाब तक

(ख) माँद तक

(ग) तेंदुए तक

(घ) लोमड़ी तक

(iii) कछुए तक तेंदुआ कितनी छलाँग में पहुँच गया?

(क) 2 छलाँग में

(ख) 3 छलाँग में

(ग) 1 छलाँग में

(घ) 6 छलाँग में

(iv) तेंदुए ने किसको मुँह में पकड़ा?

(क) लोमड़ी को

(ख) कछुए को

(ग) बिल्ली को

(घ) मगरमच्छ को

2 बॉक्स में दिए गए शब्दों से रिक्त स्थान भरिए।

> *पानी, जान बचाकर, आज़माकर, माँद, नाखूनों*

    (i) लोमड़ी और कछुआ अपने-अपने घर की ओर ————————— भागे।

    (ii) ————————— का पूरा ज़ोर लगाने पर भी कछुए के सख्त खोल पर खरोंच तक नहीं आई।

    (iii) लोमड़ी अपनी ————————— से यह देख रही थी।

    (iv) चाहो तो ————————— देख लो।

    (v) कछुए को ————————— में फेंक दो।

3 नीचे दिए गए कथनों में सत्य कथन के लिए (✓) तथा गलत कथन के लिए (✗) का चिह्न लगाइए।

    (i) लोमड़ी और तेंदुआ दोस्त थे। ☐

    (ii) कछुए को कहीं भी छुपने का मौका नहीं मिला। ☐

    (iii) तेंदुए ने कछुए को अपने दाँतों से पकड़ा हुआ था। ☐

    (iv) कछुए ने सख्त खोल से अपनी जान बचाई। ☐

    (v) कछुए को तेंदुए ने मार दिया था। ☐

4 निम्नलिखित प्रश्नों के उत्तर लिखिए।

    (i) तेंदुए से अपनी जान बचाने के लिए लोमड़ी ने क्या किया?

    (ii) कछुए को तेंदुआ पेड़ के नीचे क्यों ले गया था?

    (iii) लोमड़ी ने किसे बचाने की तरकीब सोची?

(iv) लोमड़ी ने कछुए के सख्त खोल को तोड़ने का क्या तरीका बताया?

(v) कछुए को पानी में किसने फेंक दिया?

(vi) लोमड़ी की तरकीब से कछुए को क्या फ़ायदा हुआ?

5 नीचे दी गई पंक्तियों को पढ़कर पूछे गए प्रश्नों के सही उत्तर दीजिए।

किसी तालाब में एक कछुआ रहता था। तालाब के पास माँद में रहने वाली लोमड़ी से उसकी दोस्ती हो गई। एक दिन वे तालाब के किनारे गपशप कर रहे थे कि एक तेंदुआ वहाँ आया। दोनों अपने-अपने घर की ओर जान बचाकर भागे। लोमड़ी तो सरपट दौड़कर अपनी माँद में पहुँच गई पर कछुआ अपनी धीमी चाल के कारण तालाब तक नहीं पहुँच सका। तेंदुआ एक छलाँग में उस तक पहुँच गया।

(i) कछुआ कहाँ रहता था?
   (क) माँद में
   (ख) तालाब में
   (ग) गुफा में
   (घ) झोपड़ी में

(ii) कछुए की दोस्ती किससे हुई?
   (क) लोमड़ी से
   (ख) तेंदुए से
   (ग) मगरमच्छ से
   (घ) मछली से

(iii) तालाब के किनारे कौन-कौन गपशप कर रहे थे?

(iv) लोमड़ी और कछुआ किससे अपनी जान बचाकर भागे?

भाषा आधारित प्रश्न

1 उल्टे (विलोम) अर्थ वाले शब्दों को मिलाइए।

स्तंभ 'क'	स्तंभ 'ख'
(i) दिन	(क) दुश्मनी
(ii) दोस्ती	(ख) मुश्किल
(iii) एक	(ग) दूर
(iv) नीचे	(घ) रात
(v) आसान	(ङ) ऊपर
(vi) पास	(च) अनेक

2 समान अर्थ (पर्यायवाची) वाले शब्द विकल्प में से छाँटकर लिखिए।

> उपाय, वृक्ष, जल, मित्र, मुख धीरे

(i) पानी __________   (ii) तरीका __________

(iii) पेड़ __________   (iv) मुँह __________

(v) दोस्त __________   (vi) धीमी __________

3 अनुस्वार (ं) अथवा अनुनासिक (ँ) का प्रयोग करके दिए गए शब्दों को शुद्ध रूप में लिखिए।

(i) पहुच __________

(ii) छलाग __________

(iii) फेक __________

(iv) खरोच __________

06

बहुत हुआ

पाठ आधारित प्रश्न

1 प्रश्नों के सही विकल्प पर (✓) का निशान लगाइए।

(i) ज़्यादा बारिश होने से हर जगह क्या हो गया है?

(क) कीचड़-कीचड़ ☐   (ख) सूखा-सूखा ☐

(ग) हवा-हवा ☐   (घ) धूप-धूप ☐

(ii) खूब बारिश होने पर सभी को कौन याद आई?

(क) मामी ☐   (ख) नानी ☐

(ग) दादी ☐   (घ) चाची ☐

(iii) सारा घर बारिश के कारण कब तक चूता रहा?

(क) रातभर ☐   (ख) दिनभर ☐

(ग) दिनभर और रातभर ☐   (घ) शाम तक ☐

2 निम्नलिखित प्रश्नों के उत्तर दीजिए।

   (i) बच्चे घर में फँसे क्या झेल रहे हैं?

   (ii) पिंजरे में मौन कौन रहता है?

   (iii) सूरज दादा से क्या खिलाने को कहा गया है?

   (iv) बच्चे क्या दुआ (प्रार्थना) करने के लिए कह रहे हैं और क्यों?

भाषा आधारित प्रश्न

1 नीचे दिए गए शब्दों को उनके अर्थ से मिलाइए।

शब्द		अर्थ	
(i)	चुआ	(क)	तोता
(ii)	बोरियत	(ख)	तालाब
(iii)	मौन	(ग)	टपका
(iv)	सुआ	(घ)	प्रार्थना
(v)	ताल	(ङ)	शांत
(vi)	दुआ	(च)	बोर होना

2 अनुस्वार (ं) और अनुनासिक (ँ) का प्रयोग करके शुद्ध रूप में लिखिए।

   (i) जाए ___________   (ii) कहा ___________

   (iii) फसे ___________   (iv) झेले ___________

   (v) पिजरे ___________   (vi) सड़को ___________

07

मेरी किताब

पाठ आधारित प्रश्न

1 प्रश्नों के सही विकल्प पर (✓) का निशान लगाइए।

(i) मौसी वीरू को कहाँ ले गई?

(क) रसोई में ☐ (ख) बैठक में ☐

(ग) छत पर ☐ (घ) कमरे में ☐

(ii) वीरू के बस्ते में कैसी किताब नहीं आती?

(क) छोटी ☐ (ख) मोटी ☐

(ग) पतली ☐ (घ) बड़ी ☐

(iii) मौसी ने वीरू को पढ़ने के लिए कितनी किताबें दिखाईं?

(क) 2 किताबें ☐ (ख) 4 किताबें ☐

(ग) 5 किताबें ☐ (घ) 3 किताबें ☐

(iv) वीरू ने माँ के भेजे हुए काग़ज़ को कहाँ रखा?

(क) पलंग पर ☐ (ख) मेज़ पर ☐

(ग) कुर्सी पर ☐ (घ) किताबों पर ☐

2 बॉक्स में दिए गए शब्दों से रिक्त स्थान भरिए।

धीरे, अचरज, मोटी, किताब, आँखें

  (i) वीरू __________ फाड़े देखती रही।

  (ii) वीरू ने __________ से कहा–मुझे मालूम नहीं।

  (iii) तुम यह __________ पढ़कर देखो।

  (iv) बाप रे! यह किताब तो बहुत __________ है।

3 नीचे दिए गए कथनों में से सही कथन के लिए (✓) तथा गलत कथन के लिए (✗) का चिह्न लगाइए।

  (i) बैठक में नीचे से ऊपर तक किताबों से भरे खानों वाली दो लंबी दीवारें थीं। ☐

  (ii) वीरू को मालूम था कि उसे किस तरह की किताबें सबसे अधिक पसंद हैं। ☐

  (iii) वीरू मोटी किताब से घबराकर पीछे हट गई। ☐

  (iv) मौसी ने वीरू को अगली बार फुट्टा लाने को कहा, क्योंकि फुट्टे से वीरू की लंबाई नापनी थी। ☐

4 निम्नलिखित प्रश्नों के उत्तर दीजिए।

  (i) माँ ने वीरू को कहाँ और क्यों भेजा?

  (ii) वीरू को प्यार से किसने अंदर बुलाया?

  (iii) वीरू बैठक में क्या देखकर ठिठक गई?

  (iv) ''क्या आपके पास बच्चों के लिए भी किताबें हैं?'' यह प्रश्न किसने किया?

5 नीचे दी गई पंक्तियों को पढ़कर पूछे गए प्रश्नों के उत्तर दीजिए।

वीरू ने किताब के पन्ने पलटे और यह फ़ैसला किया—इसमें पढ़ने के लिए बहुत कम है, इतनी छोटी-छोटी तस्वीरें! और यह किताब बहुत पतली है। मौसी ने कहा-वीरू, मुझे तो लगता है कि मैं तुम्हारे लिए किताब नहीं चुन सकती। ऐसा करना, अगली बार जब तुम आओ तो अपने साथ एक फुट्टा लेती आना। वीरू ने पूछा-फुट्टा, क्यों? मौसी ने हँसकर कहा-तुम्हें जितनी मोटी किताब चाहिए तुम नापकर ले लेना।

(i) किताब के पन्ने किसने पलटे?

(क) माँ ने   (ख) वीरू ने

(ग) मौसी ने   (घ) दीदी ने

(ii) 'मुझे तो लगता है कि मैं तुम्हारे लिए किताब नहीं चुन सकती।' यह कथन किसने कहा?

(क) वीरू ने   (ख) दीदी ने

(ग) माँ ने   (घ) मौसी ने

(iii) वीरू ने क्या फ़ैसला किया?

____

(iv) मौसी ने वीरू से अगली बार फुट्टा लाने के लिए क्यों कहा?

____

भाषा आधारित प्रश्न

नीचे दिए गए शब्दों में मात्राओं से संबंधित गलतियाँ हैं उन्हें सही करके शब्दों को दोबारा लिखिए।

(i) मोसी ___________ (ii) बेठक ___________

(iii) ठीठक ___________ (iv) कीताब ___________

(v) दिवारें ___________ (vi) फ़ेसला ___________

08

तितली और कली

पाठ आधारित प्रश्न

1 प्रश्नों के सही विकल्प पर (✓) का निशान लगाइए।

(i) डाल का रंग कैसा था?

(क) लाल ☐   (ख) हरा ☐

(ग) पीला ☐   (घ) भूरा ☐

(ii) कली कैसी थी?

(क) बड़ी और सुंदर ☐   (ख) सफ़ेद और सुंदर ☐

(ग) नन्हीं और सुंदर ☐   (घ) मोटी और सुंदर ☐

(iii) ''तुम लगती हो बड़ी भली'', किसने कहा?

(क) डाली ने ☐   (ख) कली ने ☐

(ग) हवा ने ☐   (घ) तितली ने ☐

(iv) कली की सुंदर महक कहाँ-कहाँ तक फैलेगी?

(क) हवा-हवा तक ☐   (ख) घर-घर तक ☐

(ग) गली-गली तक ☐   (घ) नदी-नदी तक ☐

2 नीचे दिए गए कथनों में से सही कथन के लिए (✓) तथा गलत कथन के लिए (✗) का चिह्न लगाइए।

(i) तितली कली को सोने के लिए कह रही है।

(ii) खेल की बात सुनकर कली खिल गई।

(iii) तितली नदियों के साथ भागने लगी।

3 निम्नलिखित प्रश्नों के उत्तर दीजिए।

(i) डाल पर क्या लगी हुई थी?

(ii) तितली ने कली को क्या खोलने के लिए कहा?

(iii) तितली किसके साथ खेलना चाहती थी?

(iv) तितली किसे छूने चली थी?

भाषा आधारित प्रश्न

1 दिए गए शब्दों को उनके अर्थ से मिलाइए।

शब्द		अर्थ	
(i)	डाल	(क)	खुशबू
(ii)	नन्ही	(ख)	शाखा
(iii)	संग	(ग)	छोटी
(iv)	महक	(घ)	साथ

2 नीचे दिए गए शब्दों में मात्राओं से संबंधित गलतियाँ हैं, उन्हें सही करके शब्दों को दोबारा लिखिए।

(i) तुरँत _______________   (v) छुने _______________

(ii) लगि _______________   (vi) नन्हि _______________

(iii) कलि _______________   (vii) जागौ _______________

(iv) आँखैं _______________   (viii) तुम्हारि _______________

3 नीचे दिए गए सही शब्दों पर गोला लगाइए।

(i) सुँदर / सुंदर   (ii) संग / सँग

(iii) आंखें / आँखें   (iv) रँगीली / रंगीली

(v) गलि / गली   (vi) छिटककर / छीटककर

4 दिए गए शब्दों से एक-एक वाक्य बनाइए।

शब्द	वाक्य
(i) तितली	_______________
(ii) कली	_______________
(iii) महक	_______________
(iv) खेल	_______________

5 कविता में से ऐसे किन्हीं दो शब्दों को छाँटकर लिखिए, जिनमें 'ि' और 'ी' दोनों मात्राएँ हों।

_______________   _______________

09

बुलबुल

पाठ आधारित प्रश्न

1 प्रश्नों के सही विकल्प पर (✓) का निशान लगाइए।

   (i) बुलबुल की पूँछ के नीचे वाली जगह का रंग कैसा होता है?

    (क) सफ़ेद   (ख) काला

    (ग) भूरा   (घ) लाल

   (ii) बुलबुल के कौन-से अंग का रंग काला होता है?

    (क) पीठ   (ख) पंख

    (ग) पेट   (घ) सिर

   (iii) बुलबुल को किनसे डर नहीं लगता?

    (क) शेर से   (ख) भालू से

    (ग) मनुष्यों से   (घ) चील से

   (iv) बुलबुल के अंडे किस रंग के होते हैं?

    (क) हल्के गुलाबी   (ख) हल्के लाल

    (ग) हल्के बैंगनी   (घ) हल्के भूरे

2 दिए गए विकल्पों में से शब्दों को छाँटकर खाली स्थान भरिए।

> स्वयं, चिड़िया, बिंदियाँ, अंडों

(i) बुलबुल एक _________________ है।

(ii) बुलबुल अपना घोंसला _________________ बनाती है।

(iii) बुलबुल के पर _________________ कुछ लाल, कुछ भूरी और कुछ बैंगनी

_________________ रहती हैं।

3 नीचे दिए गए कथनों में से सही कथन के लिए (✓) तथा गलत कथन के लिए (✗) का चिह्न लगाइए।

(i) बुलबुल ऊँची आवाज़ में बोलती है।

(ii) बुलबुल उड़ नहीं पाती।

(iii) सिपाही बुलबुल के सिर पर कलगी भी होती है।

(iv) बुलबुल केवल फल खाती है।

(v) बुलबुल दूसरों के घोंसलों में अंडे देती है।

4 निम्नलिखित प्रश्नों के उत्तर दीजिए।

(i) बुलबुल को पहचानने का सरल तरीका क्या है?

(ii) बुलबुल की पूँछ के सिरे का रंग कैसा होता है?

(iii) पूँछ और सिर को छोड़कर बुलबुल का बाकी शरीर किस रंग का होता है?

(iv) बुलबुल ज़ोर से हमला कहाँ करती है?

(v) बुलबुल अपना घोंसला किन-किन चीज़ों से बुनती है?

(vi) बुलबुल एक बार में कितने अंडे देती है?

5 दिए गए गद्यांश को पढ़कर पूछे गए प्रश्नों के उत्तर दीजिए।

बुलबुल पीपल या बरगद के पेड़ पर कीड़े ढूँढ़कर खाती है। वह हमारी तरह सब्जी और फल भी खाती है। अमरूद के बगीचे या मटर के खेत पर बुलबुल काफ़ी ज़ोर से हमला करती है। वह अपना घोंसला सूखी हुई घास और छोटे पौधों की पतली जड़ों से बुनती है। घोंसला अंदर से एक सुंदर कटोरे जैसा दिखता है।

(i) बुलबुल पीपल या बरगद के पेड़ पर क्या ढूँढ़कर खाती है?

(क) फल   (ख) सब्जी

(ग) कीड़े   (घ) पत्तियाँ

(ii) बुलबुल का घोंसला अंदर से कैसा दिखता है?

(क) चम्मच जैसा   (ख) कटोरे जैसा

(ग) टोकरी जैसा   (घ) प्लेट जैसा

(iii) बुलबुल हमारी तरह क्या-क्या खाती है?

(iv) समान अर्थ वाले शब्द लिखिए।

(क) पेड़ ————   (ख) ज़ोर ————

(v) विलोम शब्द लिखिए।

(क) अंदर ————   (ख) अपना ————

भाषा आधारित प्रश्न

1 नीचे दिए गए शब्दों को उनके अर्थ से मिलाइए।

शब्द	अर्थ
(i) पहचानना	(क) पक्षियों के सिर पर निकला हुआ बालों का गुच्छा
(ii) सिरा	(ख) थोड़ा
(iii) कलगी	(ग) आसान
(iv) बगीचा	(घ) आक्रमण
(v) सरल	(ङ) जानना
(vi) हमला	(च) बाग
(vii) कुछ	(छ) अंतिम हिस्सा

2 नीचे बुलबुल के दो चित्र हैं। इनमें से पहचानिए कि कौन सिपाही बुलबुल है। उसके सामने (✓) का निशान लगाइए।

चित्र 1

चित्र 2

१०

मीठी सारंगी

पाठ आधारित प्रश्न

1 प्रश्नों के सही विकल्प पर (✓) का निशान लगाइए।

  (i) सारंगी वाले ने सारंगी बजाना कब बंद किया?

    (क) दिन के दो-तीन बजे ☐   (ख) रात के तीन-चार बजे ☐

    (ग) शाम के पाँच-छः बजे ☐   (घ) दोपहर के बारह-एक बजे ☐

  (ii) लोगों ने सारंगी वाले से कितने दिन रुकने के लिए कहा था?

    (क) पाँच दिन ☐   (ख) तीन दिन ☐

    (ग) दो-चार दिन ☐   (घ) सात दिन ☐

  (iii) सारंगी वाला सारंगी कहाँ रखकर सो गया था?

    (क) पलंग के नीचे ☐   (ख) कमरे में ☐

    (ग) छत पर ☐   (घ) सिरहाने में ☐

  (iv) भोला को किसमें ज़रा भी मिठास नहीं लगी?

    (क) सारंगी में ☐   (ख) शहर में ☐

    (ग) मिठाई में ☐   (घ) आम में ☐

2 दिए गए शब्दों से खाली स्थान भरिए।

(i) लोगों की बातें सुनकर भोला मन ही मन __________।
(खुश हुआ/झुँझलाया)

(ii) सारंगी वाले ने सारंगी पर __________ चढ़ाई। (तार/खोली)

(iii) __________ फेंकने के बाद भोला सो गया। (सांरगी/तलवार)

(iv) भोला को लगा कि सब लोग बाबा जी की झूठी __________ कर रहे हैं।
(उपेक्षा/खुशामद)

3 नीचे दिए गए कथनों में से सही कथन के लिए (✓) तथा गलत कथन के लिए (✗) का चिह्न लगाइए।

(i) भोला ने सांरगी का खोल नहीं उतारा था

(ii) भोला ने सांरगी को नाक से सूँघा था।

(iii) सवेरा होने पर सांरगी अपने स्थान पर नहीं मिली।

(iv) भोला ने गाँव वालों को झूठा कहा था।

4 निम्नलिखित प्रश्नों के उत्तर दीजिए।

(i) गाँव में कौन आया?

(ii) गाँव के लोग रात में क्यों इकट्ठे हुए?

(iii) गाँव के लोग दंग क्यों रह गए?

(iv) गाँव के लोगों की बातें कौन सुन रहा था?

(v) भोला सारंगी वाले के पास जाकर क्यों बैठा?

(vi) भोला ने सारंगी को कहाँ ले जाकर फेंक दिया?

(vii) सारंगी वाला और गाँव के लोग दुखी क्यों हुए?

5 नीचे दी गई पंक्तियों को पढ़कर पूछे गए प्रश्नों के उत्तर लिखिए।

तब तक रात ज़्यादा हो गई थी। इस कारण लोग घर नहीं गए। वहीं चौपाल में सो गए। सारंगी वाले ने भी सारंगी पर खोली चढ़ाई और उसे अपने सिरहाने रखकर सो गया, पर भोला को चैन कहाँ था? जब लोग नींद में खर्राटे लेने लगे तब उसने चुपके से उठकर वह सारंगी उठा ली और ऊपर का खोल उतार कर उसे जीभ से चाटा। कुछ स्वाद नहीं आया। अब उसने सारंगी को खूब हिलाया। उसके छेद को मुँह के पास लगाकर मुँह में उँड़ेला, पर सांरगी से एक भी मीठी बूँद नहीं निकली। वह लोगों की बेवकूफ़ी पर बहुत ही झुँझलाया। अब की बार उसने सारंगी को गाँव से बाहर दूर ले जाकर फेंक दिया। वह लोगों की बेवकूफ़ी पर हँसता हुआ अपनी जगह पर आकर चुपचाप सो गया।

(i) लोग कहाँ सो गए?

   (क) घरों में   ☐   (ख) सड़क पर   ☐

   (ग) चौपाल में   ☐   (घ) ज़मीन पर   ☐

(ii) किसको चैन नहीं था?

   (क) सारंगी वाले को   ☐   (ख) भोला को   ☐

   (ग) गाँव वालों को   ☐   (घ) सारंगी को   ☐

(iii) लोगों के सोने पर कैसी आवाज़ आ रही थी?

   (क) खर्राटे की   ☐   (ख) साँसों की   ☐

   (ग) सारंगी की   ☐   (घ) तबले की   ☐

(iv) भोला ने जीभ से क्या चाटा?

(v) भोला ने सारंगी के छेद को मुँह के पास लगाकर क्या किया?

(vi) सारंगी से कैसी बूँद नहीं निकली?

भाषा आधारित प्रश्न

1 नीचे दिए गए शब्दों को उनके अर्थ से मिलाइए।

शब्द	अर्थ
(i) आनंद	(क) मूर्खता
(ii) चौपाल	(ख) गुस्सा करना
(iii) सिरहाना	(ग) उलटना, गिराना
(iv) बेवकूफ़ी	(घ) खुशी
(v) झुँझलाना	(ङ) सोने के समय सिर के नीचे का स्थान
(vi) उड़ेलना	(च) चबूतरा

11

टेसू राजा बीच बाज़ार

पाठ आधारित प्रश्न

1 प्रश्नों के सही विकल्प पर (✓) का निशान लगाइए।

(i) बीच बाज़ार में कौन खड़ा है?

(क) अनार ☐   (ख) भेड़ें ☐

(ग) टेसू राजा ☐   (घ) गोपी ☐

(ii) कविता में एक अनार कितने दाने वाला बताया गया है?

(क) दस लाख तेइस हज़ार ☐   (ख) बीस लाख तेइस हज़ार ☐

(ग) तीस लाख तेइस हज़ार ☐   (घ) चालीस लाख तेइस हज़ार ☐

(iii) टेसू राजा ने कितने अनार लिए?

(क) दो ☐   (ख) तीन ☐

(ग) चार ☐   (घ) एक ☐

2 नीचे दिए कथनों में से सही कथन के लिए (✓) तथा गलत कथन के लिए (✗) का चिह्न लगाइए।

(i) टेसू राजा आम खरीद रहे थे।

(ii) कलकत्ते में कुत्तों की संख्या गोपी के घर में रखे लत्ते के जितनी बताई गई है।

(iii) टेसू राजा को अनार पसंद न था।

3 निम्नलिखित प्रश्नों के उत्तर दीजिए।

(i) टेसू राजा क्या ले रहे थे?

(ii) टेसू राजा ने अनार वाले से क्या पूछा था?

(iii) टेसू राजा पुकारकर क्या कह रहे हैं?

भाषा आधारित प्रश्न

1 नीचे दिए शब्दों को उनके अर्थ से मिलाइए।

शब्द	अर्थ
(i) पुकार	(क) समूह या टोली
(ii) भला	(ख) ज़ोर से बुलाना
(iii) झुंड	(ग) कपड़े
(iv) लत्ते	(घ) अच्छा

2 समान अर्थ वाले शब्द लिखिए।

गृह, मध्य, समूह

(i) बीच _______________

(ii) झुंड _______________

(iii) घर _______________

3 दिए गए अक्षरों की सहायता से शब्द पूरे कीजिए।

ल, ब, स, अ, त्ता

(i) _______ ना र

(ii) कं _______ ल

(iii) क _______ क

(iv) ते इ

4 सही मात्रा लगाकर शब्दों को ठीक कीजिए।

(i) बज़ार _______________

(ii) कलकत्तै _______________

(iii) पत्ति _______________

(iv) कीतने _______________

12

बस के नीचे बाघ

पाठ आधारित प्रश्न

1 प्रश्नों के सही विकल्प पर (✓) का निशान लगाइए।

(i) बस के भीतर देखते बाघ ने अपना सिर किस तरफ़ मोड़ा?

(क) बाईं तरफ़   (ख) दाहिनी तरफ़

(ग) ऊपर की तरफ़   (घ) नीचे की तरफ़

(ii) बाघ को देख बस में बैठे लोग किस तरफ़ भागने लगे?

(क) बस के आगे वाले दरवाज़े की तरफ़

(ख) बस के नीचे की तरफ़

(ग) बस के पीछे वाले दरवाज़े की तरफ़

(घ) जंगल की तरफ़

(iii) लोगों को भागते देखकर कौन घबराया?

(क) छोटा बाघ   (ख) छोटी लड़कियाँ

(ग) बस ड्राइवर   (घ) छोटे बच्चे

(iv) नीचे पहुँचकर बाघ कहाँ जाकर दुबक गया?

    (क) जंगल में   (ख) दूसरी बस में

    (ग) बस के ऊपर   (घ) बस के पहिए के पास

2 सही शब्द को चुनकर खाली स्थान भरिए।

  (i) बस के भीतर आगे की तरफ़ से ——————— की आवाज़ आ रही है। (घर्र-घर्र/सर्र-सर्र)

  (ii) ——————— ने देखा कि बस में कई लोग बैठे हैं। (छोटे बाघ/आदमी)

  (iii) छोटे बाघ को लगा कि लोग उसे ——————— चाहते हैं। (हँसाना/भगाना)

  (iv) बाघ बस की सीढ़ी पर ——————— रखकर भीतर चला गया। (पंजे/पीठ)

  (v) सामने से एक ——————— आ रही थी। (बस/कार)

3 निम्नलिखित प्रश्नों के उत्तर दीजिए।

  (i) बस में बैठे लोगों को देखकर अचानक छोटे बाघ को क्या लगा?

  (ii) छोटे बाघ को देखकर सामने की सीट पर बैठे आदमी ने क्या किया?

  (iii) बाघ को कहाँ अच्छा नहीं लगा?

(iv) छोटा बाघ फिर से कहाँ जाना चाहता था?

(v) सामने वाली सीट पर बैठकर बाहर कौन देखने लगा?

(vi) सामने से बस को आते देखकर छोटा बाघ क्या सोचने लगा?

4 नीचे दी गई पंक्तियों को पढ़कर पूछे गए प्रश्नों के उत्तर लिखिए।

किसी जंगल में एक छोटा बाघ खेल रहा था। खेलते-खेलते वह जंगल के पास वाली सड़क पर निकल आया। सड़क पर एक बस खड़ी थी। छोटे बाघ ने देखा कि बस का दरवाज़ा खुला है। बाघ अपने अगले पंजे बस की सीढ़ी पर रखकर बस के भीतर देखने लगा। उसने देखा कि बस के भीतर आगे की तरफ़ से घर्र-घर्र की आवाज़ आ रही है और उसके पास एक आदमी बैठा है। छोटे बाघ ने यह भी देखा कि उस आदमी के सामने एक दीवार-सी है, लेकिन यह दीवार कुछ अजीब थी। इस दीवार में से बाहर की हर चीज़ साफ़-साफ़ दिखाई दे रही थी।

(i) छोटा बाघ कहाँ खेल रहा था?

  (क) घर में   (ख) जंगल में

  (ग) बस में   (घ) गुफा में

(ii) बस कहाँ खड़ी थी?

  (क) पार्क में   (ख) खेत में

  (ग) सड़क पर   (घ) कुएँ के पास

(iii) बाघ खेलते-खेलते कहाँ निकल आया?

(iv) सड़क पर आकर छोटे बाघ ने क्या देखा?

(v) बस के भीतर देखने के लिए बाघ ने क्या किया?

(vi) दीवार कैसी थी?

(vii) दीवार में से बाघ को बाहर की हर चीज़ कैसी दिखाई दे रही थी?

(viii) लिंग बदलो

(i) बाघ —————————   (ii) आदमी —————————

भाषा आधारित प्रश्न

1 नीचे दिए गए शब्दों को उनके अर्थ से मिलाइए।

शब्द	अर्थ
(i) भीतर	(क) जल्दी
(ii) अचानक	(ख) छुपना
(iii) दाहिना	(ग) अंदर
(iv) तेज़ी	(घ) सीधा हाथ
(v) दुबकना	(ङ) एकदम से

2 समान अर्थ वाले शब्दों को लिखिए।

नज़दीक, भय, ध्वनि, मनुष्य, ओर, वन

(i) जंगल —————————   (ii) पास —————————

(iii) तरफ़ —————————   (iv) आवाज़ —————————

(v) आदमी —————————   (vi) डर —————————

13

सूरज जल्दी आना जी

पाठ आधारित प्रश्न

1 प्रश्नों के सही विकल्प पर (✓) का निशान लगाइए।

   (i) कविता में किसे जल्दी आने के लिए कहा गया है?

      (क) कुहासे को   ☐   (ख) सूरज को   ☐

      (ग) बारिश को   ☐   (घ) सर्दी को   ☐

   (ii) सूरज से कैसी धूप लाने के लिए कहा गया है?

      (क) लाल   ☐   (ख) काली   ☐

      (ग) गोरी   ☐   (घ) पीली   ☐

   (iii) जमकर कौन बैठा हुआ है?

      (क) सूरज   ☐   (ख) धूप   ☐

      (ग) पानी   ☐   (घ) कुहासा   ☐

   (iv) सूरज को क्या छोड़ने के लिए कहा गया है?

      (क) धूप   ☐   (ख) रोशनी   ☐

      (ग) बहाना   ☐   (घ) बादल   ☐

2 कविता की पंक्तियाँ पूरी कीजिए।

> *घर, सच-सच, कुहासा, दिखता, सूरज*

जमकर बैठा यहाँ __________

आर-पार न __________ है।

ऐसे भी क्या कभी किसी के

__________ में कोई टिकता है?

__________ ज़रा बताना जी।

__________ जल्दी आना जी।

3 नीचे दिए गए कथनों में से सही कथन के लिए (✓) तथा गलत कथन के लिए (✗) का चिह्न लगाइए।

(i) कविता में सूरज से झूठ बोलने के लिए कहा गया है। ☐

(ii) कुहासा बहुत दिनों से घर में बैठा हुआ है। ☐

(iii) बारिस परसों हुई थी। ☐

(iv) आज भी दरवाज़े और दीवारें सीले हैं। ☐

4 निम्नलिखित प्रश्नों के उत्तर दीजिए।

(i) सूरज से कितनी धूप लाने के लिए कहा गया है?

____

(ii) किसके कारण आर-पार नहीं दिख रहा है?

____

(iii) कपड़े किस कारण से गीले हैं?

____

भाषा आधारित प्रश्न

1 नीचे दिए गए शब्दों को उसके अर्थ से मिलाइए।

शब्द	अर्थ
(i) कुहासा	(क) जवाब देना
(ii) भीगना	(ख) बात बनाना
(iii) टिकना	(ग) गीला होना
(iv) बताना	(घ) धुंध, कुहरा
(v) बहाना	(ङ) रुकना

2 नीचे दिए गए शब्दों के विलोम (उल्टे) शब्द लिखिए।

(i) एक   __________   (ii) गोरी   __________

(iii) धूप   __________   (iv) जल्दी   __________

(v) बैठा   __________   (iv) सच   __________

14 नटखट चूहा

पाठ आधारित प्रश्न

1 प्रश्नों के सही विकल्प पर (✓) का निशान लगाइए।

(i) चूहा कपड़े से क्या बनवाना चाहता था?

(क) फ्रॉक   (ख) टोपी

(ग) शर्ट   (घ) सूट

(ii) दुकानदार ने चूहे को कैसा कपड़ा दिया?

(क) सूती   (ख) ऊनी

(ग) रेशमी   (घ) जालीदार

(iii) चूहे ने अपना चेहरा किसमें देखा?

(क) आइने में   (ख) पानी में

(ग) काँच में   (घ) दर्ज़ी के चश्में में

(iv) चूहे को पकड़ने के लिए कौन दौड़ा?

(क) राजा   (ख) मंत्री

(ग) सिपाही   (घ) दरबान

(v) डर से कौन काँपने लगा?

 (क) चूहा   (ख) दर्ज़ी

 (ग) दुकानदार   (घ) राजा

2 खाली स्थान भरिए।

 (i) चूहे को दर्ज़ी पर __________ आ गया। (गुस्सा/तरस)

 (ii) कपड़े की दुकान से निकलकर चूहा __________ की दुकान में गया। (आइने/दर्ज़ी)

 (iii) चूहा टोपी पर __________ लगवाना चाहता था। (सितारे/फुँदने)

 (iv) चूहा सिपाहियों के बीच से __________ निकल गया। (धीरे-धीरे/सरपट)

3 नीचे दिए गए कथनों में से सही कथन के लिए (✓) तथा गलत कथन के लिए (✘) का चिह्न लगाइए।

 (i) टोपी में दर्ज़ी ने सितारे जड़े थे।

 (ii) चूहे ने आइने को पटककर फोड़ दिया था।

 (iii) राजा ने चूहे की तुलना राजकुमार से की थी।

 (iv) चूहे ने राजा की नाक कुतरने की बात की थी।

 (v) सभी दोस्त चूहे से उसकी कहानी सुनना चाहते थे।

4 निम्नलिखित प्रश्नों के उत्तर दीजिए।

 (i) चूहा कपड़े लेकर दुकान से किस प्रकार बाहर निकला?

 (ii) दर्ज़ी ने चूहे के लिए क्या सिला?

 (iii) राजा किस बात पर अड़ा रहा?

(iv) राजा ने चूहे से सिंहासन पर कब तक बैठने के लिए कहा?

(v) चूहा सिंहासन से कब नीचे उतरा?

(vi) राजमहल से निकलकर चूहा कहाँ गया?

(vii) चूहे ने अपने सभी दोस्तों को क्या दिखाया?

5 नीचे दी गई पंक्तियों को पढ़कर पूछे गए प्रश्नों के उत्तर दीजिए।

बच्चों, एक था चूहा। बहुत ही नटखट और बड़ा ही चालाक। कुछ न कुछ शरारत करने का उसका हमेशा मन करता रहता था।

एक दिन उसने अपने दिल में सोचा—आज मैं शहर जाऊँगा। बारिश के कारण बिल से बाहर निकले बहुत दिन बीत गए हैं। घर में बैठे-बैठे दिल घबरा गया है। नटखट चूहा झटपट तैयार होकर शहर की ओर निकल पड़ा। वह मस्ती से झूमता हुआ चला जा रहा था कि रास्ते में उसे एक बड़ी-सी कपड़े की दुकान दिखाई दी। दुकानदार अपनी दुकान खोल कर अंदर जा ही रहा था कि नटखट चूहा भी चुपचाप उसके पीछे अंदर चला गया। जैसे ही दुकानदार अपनी जगह पर बैठा, उसकी नज़र चूहे पर पड़ी।

(i) चूहा कैसा था?

(क) नटखट और भोला ☐ (ख) धूर्त और दुष्ट ☐

(ग) नटखट और चालाक ☐ (घ) छोटा और मूर्ख ☐

(ii) चूहे को किस कारण बिल से बाहर निकले बहुत दिन बीत गए थे?

(क) बारिश ☐ (ख) धूप ☐

(ग) ठंड ☐ (घ) हवा ☐

(iii) घर में बैठे-बैठे चूहे का दिल

(क) खुश हो गया था ☐ (ख) दु:खी हो गया था ☐

(ग) भारी हो गया था ☐ (घ) घबरा गया था ☐

(iv) चूहे का हमेशा क्या करने का मन करता रहता था?

____

(v) चूहे ने अपने दिल में क्या सोचा?

____

भाषा आधारित प्रश्न

1 नीचे दिए गए शब्दों को उनके अर्थ से मिलाइए।

शब्द		अर्थ	
(i)	नटखट	(क)	बर्बाद कर देना
(ii)	दर्ज़ी	(ख)	राजा के बैठने का आसन
(iii)	सुनहरे	(ग)	आज्ञा देना
(iv)	बेवकूफ़	(घ)	शरारती
(v)	तहस-नहस	(ङ)	सोने के रंग के
(vi)	आदेश	(च)	कपड़े सिलने वाला
(vii)	सिंहासन	(छ)	मूर्ख

2 नीचे दिए गए शब्दों के विलोम शब्द लिखिए।

रात, छोटा, अंदर, आगे

(i) बड़ा __________   (ii) दिन __________

(iii) बाहर __________   (iv) पीछे __________

15

एक्की-दोक्की

पाठ आधारित प्रश्न

1 प्रश्नों के सही विकल्प पर (✓) का निशान लगाइए।

   (i) एक्की ने जंगल में पेड़ से किसे बँधा हुआ देखा?

     (क) मरियल-सी भैंस को   (ख) मरियल-सी बकरी को

     (ग) मरियल-सी गाय को   (घ) मरियल-से बैल को

   (ii) चलते-चलते कौन थक गया था?

     (क) एक्की   (ख) दोक्की

     (ग) गाय   (घ) बकरी

   (iii) एक्की को दूर से क्या दिखाई दी?

     (क) नदी   (ख) झोंपड़ी

     (ग) वन   (घ) पेड़

   (iv) एक्की ने किसकी बात मान ली?

     (क) दोक्की की   (ख) बूढ़ी अम्मा की

     (ग) बाबा की   (घ) माँ की

(v) कहानी सुनते ही सीधे जंगल की तरफ़ कौन भागा?

(क) एक्की और दोक्की की माँ ☐　　(ख) एक्की ☐

(ग) दोक्की ☐　　(घ) बूढ़ी अम्मा ☐

2 खाली स्थान भरिए।

(i) एककेसवाली का एक ही ————————— था। (दाँत/बाल)

(ii) एक्की रुकी और उसने चारों तरफ़ ————————— देखा।
(हँसकर/घूमकर)

(iii) पास में ही ————————— की धारा बह रही थी। (नदी/पानी)

(iv) एक्की ने गाय के ————————— में बँधी रस्सी को खोल दिया।
(सींग/गले)

(v) सिर से तौलिया हटाते ही दोक्की के ————————— बाल झड़ गए।
(दोनों/एक)

3 नीचे दिए गए कथनों में से सही कथन के लिए (✓) तथा गलत कथन के लिए (✗)
का चिह्न लगाइए।

(i) दोनों बहनें अपने अम्मा और बाबा के साथ रहती थीं। ☐

(ii) एक्की बहुत घमंडी लड़की थी। ☐

(iii) एक्की ने गाय और मेंहदी की झाड़ी की मदद की थी। ☐

(iv) एक्की को झाड़ियों ने काँटे चुभो दिए थे। ☐

(v) दोक्की को गाय ने सींग मारा था। ☐

4 निम्नलिखित प्रश्नों के उत्तर दीजिए।

(i) एक्की और दोक्की का यह नाम कैसे पड़ा?

—————————————————————————————————

(ii) एक्की ने गाय को क्या खिलाया?

—————————————————————————————————

(iii) बूढ़ी अम्मा ने एक्की को देखकर क्या कहा?

(iv) एक्की को कहाँ आकर बहुत अच्छा लगा?

(v) एक्की ने जैसे ही तौलिया हटाया तो क्या पाया?

(vi) एक्की खाना क्यों नहीं खा सकी?

(vii) घर लौटती हुई एक्की को गाय और झाड़ी ने क्या-क्या दिया?

(viii) गाय और झाड़ी ने दोक्की को किस प्रकार हानि पहुँचाई?

5 नीचे दिए गई पंक्तियों को पढ़कर पूछे गए प्रश्नों के उत्तर दीजिए।

दो बहनें थीं। एक का नाम था एककेसवाली और दूसरी का नाम था दोनकेसवाली। दोनों बहनें अपने अम्मा और बाबा के साथ एक छोटे से घर में रहती थीं।

एककेसवाली का एक ही बाल था, इसलिए सब उसे एक्की बुलाते थे। दोनकेसवाली बड़ी घमंडी थी। उसके दो बाल थे, इसलिए सब उसे दोक्की बुलाते थे।

अम्मा सोचती थी कि दोक्की जैसी सुंदर लड़की तो दुनिया में है ही नहीं और बाबा-उनको सोचने की फ़ुरसत ही कहाँ! काम में जो उलझे रहते थे।

दोक्की हमेशा अपनी बहन पर रौब जमाती रहती। एक दिन एक्की घने जंगल में गई। चलते-चलते वह घने जंगल के बीच आ पहुँची। चारों तरफ़ सन्नाटा था। अचानक उसने एक आवाज़ सुनी-पानी! मुझे प्यास लगी है! कोई पानी पिला दो!

(i) दोनों बहनें कहाँ रहती थीं?

    (क) छोटे से घर में   (ख) जंगल में

    (ग) पड़ोसी के घर   (घ) नानी के घर

(ii) दोक्की कैसी थी?

    (क) अच्छी   ☐   (ख) सच्ची   ☐

    (ग) घमंडी   ☐   (घ) झूठी   ☐

(iii) दोक्की हमेशा किस पर रौब जमाती रहती थी?

    (क) अपनी माँ पर   ☐   (ख) अपनी पड़ोसी पर   ☐

    (ग) अपनी बहन पर   ☐   (घ) अपने पिता पर   ☐

(iv) दोनों बहनों के वास्तविक नाम क्या थे?

(v) 'दोक्की जैसी सुंदर लड़की दुनिया में है ही नहीं', ऐसा कौन सोचता था?

(vi) बाबा को दोक्की के बारे में सोचने की फुरसत क्यों नहीं थी?

(vii) एक दिन एक्की कहाँ गई?

(viii) पर्यायवाची शब्द लिखिए।

    (क) बाल ———————   (ख) पानी

भाषा आधारित प्रश्न

1 नीचे दिए गए शब्दों के अर्थ मिलाइए।

शब्द	अर्थ
(i) एककेसवाली	(क) आदेश
(ii) सन्नाटा	(ख) सहायता
(iii) हुक्म	(ग) दुबला या कमज़ोर
(iv) मरियल	(घ) जिसके सिर पर एक बाल हो
(v) मदद	(ङ) चुप्पी

2 लिंग बदलिए।

जैसे—माता-पिता, मुर्गी-मुर्गा, बकरी-बकरा आदि।

(i) बहन _____________   (ii) लड़की _____________

(iii) बूढ़ी _____________   (iv) पत्त _____________

3 सर्वनाम शब्द पर गोला बनाइए।

(i) लोग उसे एक्की बुलाते थे। (लोग/उसे)

(ii) उनको सोचने की फ़ुरसत ही कहाँ। (सोचने/उनको)

(iii) मुझे प्यास लगी है। (मुझे/लगी)

01

संज्ञा

1 नीचे दिए गए शब्दों में से संज्ञा शब्दों पर गोला लगाइए।

राम	चलना	करना	वह
आम	मेज़	पढ़ना	कलम
पुस्तक	दिल्ली	हम	पानी

2 वाक्यों में आए संज्ञा शब्दों के नीचे रेखा खींचिए।

(i) राकेश खेल रहा है।　　　　(ii) हम ताजमहल देखने जा रहे हैं।

(iii) तुम दिल्ली में रहते हो।　　(iv) मेरे पास एक घड़ी है।

3 नीचे दिए गए संज्ञा शब्दों में से वस्तु का नाम, व्यक्ति का नाम और स्थान का नाम अलग-अलग करके लिखिए।

मुंबई, राजीव, कुर्सी, रीटा, पेंसिल, भोपाल, पुस्तक, नरेंद्र मोदी, सेब, पटना, प्रेमचंद, कानपुर

	वस्तु का नाम	व्यक्ति का नाम	स्थान का नाम
(i)	_______	_______	_______
(ii)	_______	_______	_______

(iii) _______________________   _______________________

(iv) _______________________   _______________________

4 चित्र देखकर संज्ञा शब्दों के नाम लिखिए।

(i) _______________   (ii) _______________

(iii) _______________   (iv) _______________

5 नीचे दिए गए संज्ञा शब्दों से एक-एक वाक्य बनाइए।

शब्द   वाक्य

(i) भारत _______________________________________

(ii) गिलास _______________________________________

(iii) मोर _______________________________________

(iv) कछुआ _______________________________________

6 नीचे दिए गए अनुच्छेद में से कम से कम चार संज्ञा शब्दों को छाँटकर लिखिए।

> वह बाज़ार जाता है। वहाँ से आम लाता है। सुरेश के साथ बैठकर खाता है। खाने के बाद पानी पीता है और फिर रमेश और सुरेश दोनों ही पलंग पर सो जाते हैं।

(i) _______________   (ii) _______________

(iii) _______________   (iv) _______________

02

सर्वनाम

1 नीचे बादलों के चित्र में कुछ शब्द दिए गए हैं, जिनमें से सर्वनाम शब्द छाँटकर दोबारा लिखिए।

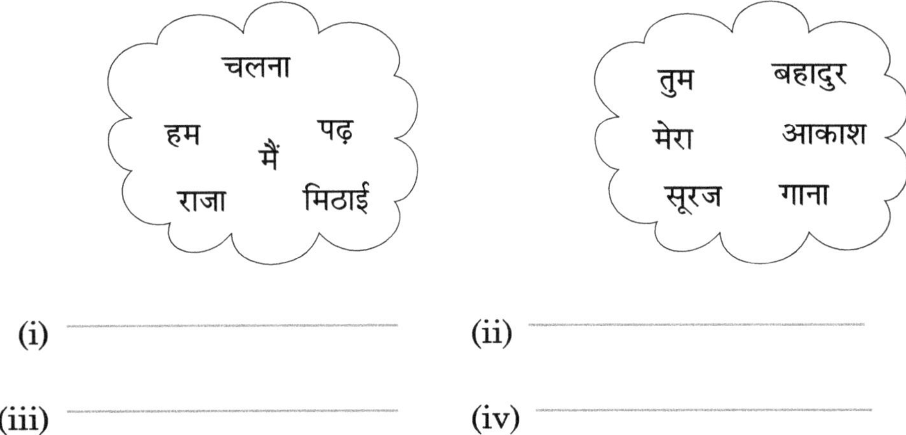

(i) _______________________   (ii) _______________________

(iii) _______________________   (iv) _______________________

2 सही सर्वनाम शब्दों से खाली स्थान भरिए।

(i) पिता जी के साथ ___________________ घूमने जा रहे हैं। (मैं/हम)

(ii) आज ___________________ घर आएगा। (तुम/वह)

(iii) रमेश ने ___________________ पतंग काट दी। (उसकी/हम)

3 वाक्यों में आए सर्वनाम शब्दों के नीचे रेखा खींचिए।

(i) हमारे पास एक कलम है।   (ii) आज मेरे मित्र का जन्मदिन है।

(iii) यह वर्षा का पानी है।   (iv) तुम्हारे पास कितनी पुस्तकें हैं?

4 स्तंभ 'क' में दिए गए सर्वनाम शब्द को स्तंभ 'ख' के उस भाग से मिलाइए, जिससे एक सही वाक्य बन जाए।

स्तंभ 'क'	स्तंभ 'ख'
(i) मैं	(क) बाज़ार जाते हैं।
(ii) वह	(ख) बाज़ार जाता हूँ।
(iii) आप	(ग) बाज़ार जाते हो।
(iv) तुम	(घ) बाज़ार जाता है।

5 नीचे दिए गए सर्वनाम शब्दों से एक-एक वाक्य बनाइए।

शब्द   **वाक्य**

(i) मेरा   __________________________

(ii) अपना   __________________________

(iii) मुझे   __________________________

(iv) उसे   __________________________

6 नीचे दिए गए अनुच्छेद में से कम से कम चार सर्वनाम शब्दों को छाँटकर लिखिए।

गाँव में एक किसान रहता था। वह बहुत परिश्रमी था। उसके चार पुत्र थे। वे चारों आपस में लड़ते रहते थे। उनमें से एक बहुत समझदार था। चारों भाइयों के बीच झगड़े को उसने समाप्त करवा दिया।

(i) __________   (ii) __________

(iii) __________   (iv) __________

03

विशेषण

1 नीचे दिए गए शब्दों में से विशेषण शब्द छाँटकर लिखिए।

कमल पेड़ रमेश सुंदर मीठा हरा लंबा लड़की

(i) _______________________ (ii) _______________________

(iii) _______________________ (iv) _______________________

2 सही विशेषण शब्दों से खाली स्थान भरिए।

रंगीन, शरारती, कम, कड़वा

(i) वह लड़का बहुत _____________ है।

(ii) करेला खाने में _____________ होता है।

(iii) मोर के पंख _____________ होते हैं।

3 नीचे दिए गए शब्दों को उनके विशेषण शब्द से मिलाइए।

स्तंभ 'क'		स्तंभ 'ख'	
(i)	ताजमहल	(क)	काले
(ii)	बादल	(ख)	सुंदर
(iii)	आम	(ग)	खट्टी
(iv)	इमली	(घ)	मीठा

4 नीचे दिए गए वाक्यों में विशेषण शब्द ढूँढ़कर उन पर गोला लगाइए।

(i) कुतुबमीनार बहुत ऊँची है।   (ii) कोयल मीठा गाती है।

(iii) वह बहुत मोटा आदमी है।   (iv) पेड़-पौधों से हमें शुद्ध हवा मिलती है।

5 नीचे दिए गए संज्ञा शब्दों के लिए दो-दो विशेषण लिखिए।
जैसे—हाथी— मोटा, बड़ा

मीठा-रसदार, बड़ा-हवादार, पालतू-व.फ़ादार, सुगंधित-सुंदर

(i) फूल _______________________   _______________________

(ii) रसगुल्ले _______________________   _______________________

(iii) महल _______________________   _______________________

(iv) कुत्ता _______________________   _______________________

04

लिंग

1 नीचे दिए गए पेड़ में पुल्लिंग तथा स्त्रीलिंग शब्द दिए गए हैं। इन्हें दिए गए उचित स्थान पर लिखिए।

पुल्लिंग	स्त्रीलिंग
(i) ______________	______________
(ii) ______________	______________
(iii) ______________	______________

2 नीचे दिए गए शब्दों के स्त्रीलिंग शब्द लिखिए।

    (i) भाई   — __________________ (भइया/बहन)

    (ii) पिता   — __________________ (माता/पितामह)

    (iii) मुर्गा   — __________________ (मुर्गी/मुर्गे)

    (iv) चूहा   — __________________ (चुहिया/चूहे)

    (v) पुत्र   — __________________ (पुत्रों/पुत्री)

3 नीचे दिए गए शब्दों में से स्त्रीलिंग शब्दों पर ◯ तथा पुल्लिंग शब्दों पर ▢ का निशान बनाइए।

घोड़ा	हाथी	शेरनी	कुतिया	बेटी
कबूतरी	ऊँट	कोयल	मछली	मालिक

4 कोष्ठकों में से सही शब्द चुनकर वाक्यों को पूरा कीजिए।

    (i) राम पुस्तक __________________ है। (पढ़ती/पढ़ता)

    (ii) गीता गाना __________________ है। (गाता/गाती)

    (iii) चूहा बिल में __________________ है। (रहता/रहती)

    (iv) शेरनी गुफ़ा में __________________ है। (रहता/रहती)

    (v) चोरनी चोरी __________________ है। (करता/करती)

05

वचन

1 नीचे त्रिभुज में एकवचन तथा बहुवचन शब्द आपस में घुलमिल गए हैं। उन्हें सही स्थान पर लिखिए।

एकवचन	बहुवचन
(i) _____________	_____________
(ii) _____________	_____________
(iii) _____________	_____________
(iv) _____________	_____________

2 नीचे दिए गए शब्दों में से बहुवचन शब्दों पर गोला बनाइए।

    (i)   फूल   फूले   फूलों

    (ii)   कली   कलियाँ   कलिए

    (iii)   लड़की   लड़कि   लड़कियाँ

    (iv)   चिड़ियाँ   चिड़िया   चिड़िए

    (v)   रात   रात्रि   रातें

3 नीचे लिखे वाक्यों में आए खाली स्थान को भरिए।

    (i) हमारे स्कूल में तो बीस —————————— हैं, पर घर में केवल एक ही

    —————————— है।   (कमरा/कमरे)

    (ii) आज मैंने एक —————————— खाया है, क्योंकि कल चार

    —————————— खाए थे।   (अंडे/अंडा)

    (iii) राम के पास चार —————————— हैं और श्याम के पास एक ही

    —————————— है।   (पुस्तक/पुस्तकें)

4 नीचे दिए गए एकवचन शब्दों को उनके बहुवचन शब्द से मिलाइए।

एकवचन		बहुवचन	
(i)	मछली	(क)	घोड़े
(ii)	बात	(ख)	चीते
(iii)	घोड़ा	(ग)	बातें
(iv)	मुर्गी	(घ)	मछलियाँ
(v)	चीता	(ङ)	मुर्गियाँ

06 क्रिया

चलना ताजमहल गाना रामायण लिखना किताब बोलना

ऊपर कुछ शब्द दिए गए हैं। इन शब्दों में से क्रिया शब्द छाँटकर लिखिए।

(i) ____________________   (ii) ____________________

(iii) ____________________   (iv) ____________________

2 क्रिया शब्द के नीचे रेखा खींचिए।

(i) हम मॉल जा रहे हैं।

(ii) मंदिर में पूजा हो रही है।

(iii) हमारे स्कूल की छुट्टी हो चुकी है।

(iv) मैंने कल ताजमहल देखा था।

3 चित्र देखकर बताइए कौन क्या कर रहा है?

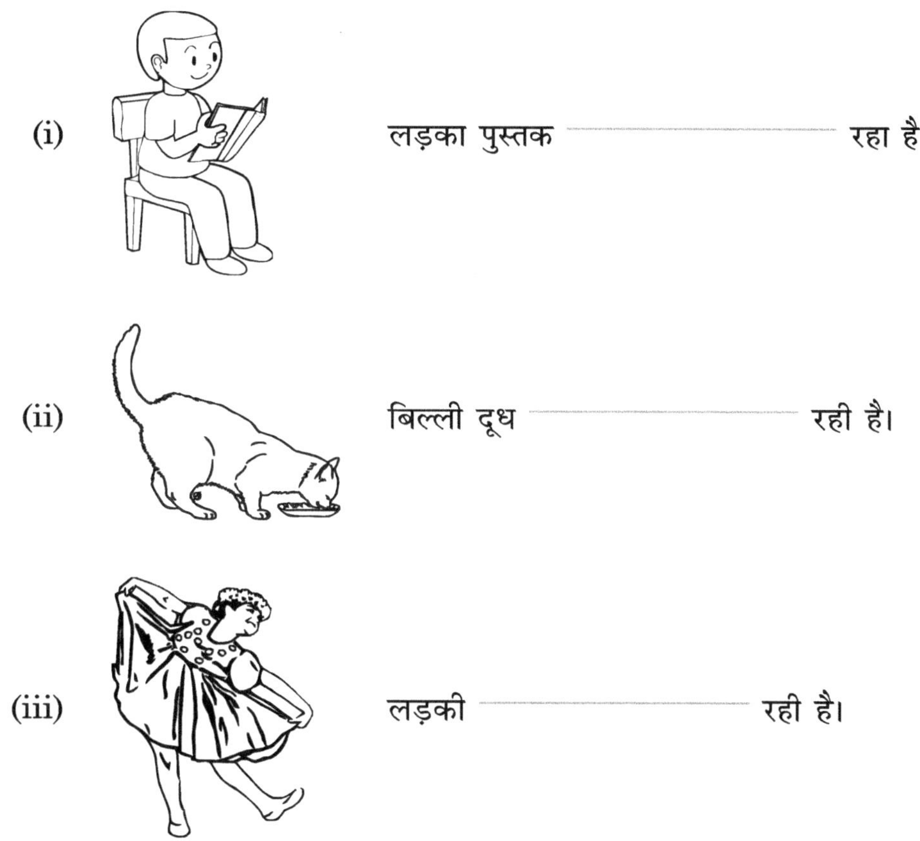

(i)   लड़का पुस्तक ———————— रहा है।

(ii)   बिल्ली दूध ———————— रही है।

(iii)   लड़की ———————— रही है।

4 नीचे दिए गए अनुच्छेद में से क्रिया शब्द छाँटिए।

रंजना दूध पी रही थी। एकदम से बिल्ली आ गई और रंजना के हाथों से दूध का गिलास छीन लिया। रंजना बहुत डर गई और रोने लगी। बिल्ली से रंजना का रोना देखा नहीं गया। बिल्ली ने रंजना को दूध का गिलास वापस दे दिया। इसके बाद रंजना हँसने लगी। इस तरह से रंजना और बिल्ली की दोस्ती हुई।

(i) —————————————   (ii) —————————————

(iii) —————————————   (iv) —————————————

(v) —————————————   (vi) —————————————

07

पर्यायवाची शब्द

1 | मेघ गृह धरती जल घर पृथ्वी पानी बादल |

ऊपर कुछ शब्द दिए गए हैं। ये शब्द आपस में किसी न किसी शब्द के पर्यायवाची शब्द हैं। नीचे दिए गए स्थान पर पर्यायवाची शब्द का जोड़ा बनाइए व लिखिए।

जैसे—

शब्द	पर्यायवाची
(i) नयन	आँख
(ii) _______	_______
(iii) _______	_______
(iv) _______	_______
(v) _______	_______

2 नीचे दिए गए शब्दों के सामने उनके पर्यायवाची शब्द लिखिए।

> पुष्प, सूरज, रात्रि, खाना, वृक्ष, दुश्मन, सवाल, दोस्त

(i) प्रश्न _____________________   (ii) सूर्य _____________________

(iii) रात _____________________   (iv) पेड़ _____________________

(v) भोजन _____________________   (vi) फूल _____________________

(vii) शत्रु _____________________   (viii) मित्र _____________________

3 नीचे दिए गए शब्दों के सही पर्यायवाची शब्द पर गोला बनाइए।

(i) जंगल	वन	राजा	वीरान
(ii) कपड़ा	बल	वस्त्र	रूई
(iii) चंद्रमा	शशि	मेघ	आकाश
(iv) हवा	पवन	अनल	निशा
(v) लड़की	सुत	कुमार	बालिका

4 नीचे दिए गए शब्दों को उनके पर्यायवाची शब्द से मिलाइए।

स्तंभ 'क'	स्तंभ 'ख'
(i) पर्वत	(क) गौ
(ii) रास्ता	(ख) मयूर
(iii) मोर	(ग) कुक्कुर
(iv) मृत्यु	(घ) पहाड़
(v) गाय	(ङ) मौत
(vi) कुत्ता	(च) मार्ग

08

अनेक शब्दों के लिए एक शब्द

1 सही शब्दों से मिलान कीजिए।

स्तंभ 'क'		स्तंभ 'ख'
(i) जिसमें बल की कमी हो	(क)	खूबसूरत
(ii) जिसके पास धन न हो	(ख)	दुर्बल
(iii) जिसकी सूरत अच्छी हो	(ग)	निर्धन

2 अनेक शब्द के लिए एक शब्द लिखिए।

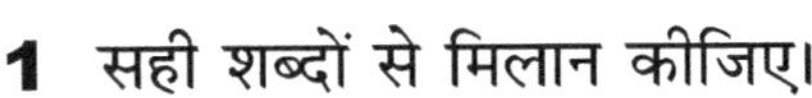

(i) जो जूते सिलता हो _______________

(ii) जो चोरी करता हो _______________

(iii) जो कभी न मरे _______________

3 रिक्त स्थान भरिए।

   (i) जो खेती करता है, उसे —————————— कहते हैं। (किसान/खेती)

   (ii) जो मांस खाता है, उसे —————————— कहते हैं। (शाकाहारी/मांसाहारी)

   (iii) भगवान को मानने वाले को —————————— कहते हैं। (नास्तिक/आस्तिक)

   (iv) जिसका कभी विनाश न हो, वह —————————— कहलाता है।
   (विनाशी/अविनाशी)

4 नीचे दिए गए शब्दों के लिए अनेक शब्द लिखिए।

   (i) नास्तिक ————————————————

   (ii) पापी ————————————————

   (iii) सब्ज़ीवाला ————————————————

   (iv) दर्ज़ी ————————————————

5 नीचे दिए गए कथनों में सत्य कथन के लिए (✓) तथा गलत कथन के लिए (✗) का चिह्न लगाइए।

   (i) बुरी घटना को <u>दुर्घटना</u> कहते हैं।

   (ii) जो जन्म से अंधा हो, उसे <u>जन्मांध</u> कहते हैं।

   (iii) भारत में रहने वाला <u>अभारतीय</u> है।

   (iv) जो अन्य देश में रहता हो, उसे <u>देशी</u> कहते हैं।

   (v) जो बीत चुका, वह अतीत कहलाता है।

01

चित्र वर्णन

1 नीचे दिए गए चित्र को देखकर उस पर पाँच वाक्य लिखिए।

(i) _______________________________

(ii) _______________________________

(iii) _______________________________

(iv) _______________________________

(v) _______________________________

2 नीचे दिए गए चित्र को देखकर उस पर पाँच वाक्य लिखिए।

(i) ____

(ii) ____

(iii) ____

(iv) ____

(v) ____

3 नीचे दिए गए चित्र को देखकर उस पर पाँच वाक्य लिखिए।

(i) ____

(ii) ____

(iii) ____

(iv) ____

(v) ____

4 नीचे दिए गए चित्र को देखकर उस पर पाँच वाक्य लिखिए।

(i) ____

(ii) ____

(iii) ____

(iv) ____

(v) ____

02

अनुच्छेद लेखन

अनुच्छेद का प्रारूप

- 'होली' विषय पर पाँच पंक्तियाँ लिखिए।

> (i) होली रंगों का त्योहार है।
>
> (ii) यह त्योहार फाल्गुन के महीने में मनाया जाता है।
>
> (iii) होली में सभी लोग एक-दूसरे के ऊपर रंग डालते हैं।
>
> (iv) होली का त्योहार पुरानी से पुरानी दुश्मनी खत्म कर देता है।
>
> (v) होली से एक दिन पहले होलिका दहन मनाया जाता है।

1 'मेरा प्रिय मित्र' विषय पर पाँच पंक्तियाँ लिखिए।

(i) ______________________________

(ii) ______________________________

(iii) ______________________________

(iv) ______________________________

(v) ______________________________

2 'गाय' विषय पर पाँच पंक्तियाँ लिखिए।

(i) ____

(ii) ____

(iii) ____

(iv) ____

(v) ____

3 'मेरा विद्यालय' विषय पर पाँच पंक्तियाँ लिखिए।

(i) ____

(ii) ____

(iii) ____

(iv) ____

(v) ____

4 'रक्षाबंधन' विषय पर पाँच पंक्तियाँ लिखिए।

(i) ____

(ii) ____

(iii) ____

(iv) ____

(v) ____

03

कहानी लेखन

कहानी लेखन का प्रारूप

● नीचे दिए गए शब्दों की सहायता से कहानी पूरी कीजिए।

> कौआ, धूर्त, तड़प-तड़प, पहाड़, खरगोश, मांस, चट्टान, टकराया, ऊँची, नकल, बाज़

नकल

एक पहाड़ की ऊँची चोटी पर बाज़ रहता था। बरगद के पेड़ पर कौआ अपना घोंसला बनाकर रहता था। वह बहुत चालाक और धूर्त था। पेड़ के आसपास खोह में खरगोश रहता था। एक दिन कौए ने सोचा अगर इनका नर्म मांस खाना है तो मुझे भी बाज़ की तरह करना होगा। दूसरे दिन कौआ भी बाज़ की नकल करने के लिए तैयार हो गया। जैसे ही कौए ने ऊँची उड़ान भरी, उसे खरगोश ने देख लिया और झट से वहाँ से भागकर चट्टान के पीछे छिप गया। कौआ उस चट्टान से जा टकराया और इसके बाद कौए की चोंच और टूट गई। वह वहीं तड़प-तड़प कर मर गया।

सीख–नकल करने के लिए भी अकल चाहिए।

1 दिए गए शब्दों की सहायता से कहानी पूरी कीजिए।

> बचाने, नदी, पीतल, बाढ़, टुकड़े-टुकड़े, दोस्त, धक्के, फ़ासले, मिट्टी, अलग-अलग, बच, बाढ़, वजह, टकराएँगे

दो घड़े

एक घड़ा मिट्टी का बना था, दूसरा घड़ा (i) —————— का। दोनों (ii) —————— के किनारे रखे थे। उसी समय नदी में (iii) —————— आ गई, (iv) —————— में दोनों घड़े बहते चले गए। बहुत समय तक (v) —————— के घड़े ने अपने को पीतल वाले घड़े से काफ़ी (vi) —————— पर रखना चाहा।

पीतल वाले घड़े ने कहा, "तुम डरो नहीं (vii) ——————, मैं तुम्हें (viii) —————— नहीं लगाऊँगा।"

मिट्टी वाले घड़े ने जवाब दिया, "तुम जान-बूझकर मुझे धक्के नहीं लगाओगे, लेकिन बहाव की (ix) —————— से हम दोनों ज़रूर (x) ——————। अगर ऐसा हुआ तो तुम्हारे (xi) —————— पर भी मैं तुम्हारे धक्कों से नहीं (xii) —————— सकूँगा और मेरे (xiii) —————— हो जाएँगे। इसीलिए अच्छा है कि हम दोनों (xiv) —————— रहें।

सीख–जिससे तुम्हारा नुकसान हो रहा हो, उससे अलग ही रहने में भलाई है, चाहे वह उस समय तुम्हारा दोस्त भी क्यों न हो।

2 नीचे दिए गए शब्दों की सहायता से कहानी पूरी कीजिए।

> *गुस्सा, रोक-टोक, कोशिश, सेवक, साथ, मक्खी, नाक, वार,*
> *राजा, पंखे, दरबार, बार-बार, तलवार, कट, विश्राम, बंदर*

राजा और मूर्ख बंदर

एक समय की बात है, एक (i) ———— ने एक पालतू (ii) ———— को अपने (iii) ———— के रूप में रखा हुआ था। जहाँ-जहाँ राजा जाता, वह बंदर भी उसके (iv) ———— जाता। राजा के (v) ———— में उस बंदर को राजा का पालतू होने के कारण कोई (vi) ———— नहीं थी। एक दिन राजा अपने शयन कक्ष में (vii) ———— कर रहा था। बंदर भी राजा के पास बैठकर उसे (viii) ———— से हवा कर रहा था। तभी एक (ix) ———— आई और राजा की (x) ———— पर आकर बैठ गई। बंदर ने उस मक्खी को उड़ाने की बहुत (xi) ———— की, लेकिन मक्खी (xii) ———— आकर वहीं बैठ जाती थी। अब बंदर को (xiii) ———— आ गया और उसने राजा की (xiv) ———— उठाकर मक्खी को मारने के लिए पूरे बल से (xv) ———— किया। इससे पहले की तलवार मक्खी को लगती, मक्खी वहाँ से उड़ गई और राजा की नाक (xvi) ———— गई।

सीख - मूर्ख को अपना सेवक बनाने में कोई भलाई नहीं है।

3 नीचे दिए गए शब्दों की सहायता से कहानी पूरी कीजिए।

छीनना, नदी, मुँह, लोमड़ी परछाईं, गिर, भूखी, पानी, खो, रोटी, लालच, पुल

लालची लोमड़ी

एक (i) —————— थी। वह कुछ दिनों से (ii) —————— थी। एक दिन सड़क पर उसे (iii) —————— का एक टुकड़ा मिला। वह उसे (iv) —————— में दबाकर अपने घर की तरफ़ चल पड़ी। रास्ते में एक (v) —————— पड़ती थी। जब लोमड़ी नदी के (vi) —————— पर से गुज़र रही थी, तो उसे नदी के पानी में अपनी (vii) —————— दिखाई दी। लोमड़ी ने समझा कि किसी दूसरी लोमड़ी के मुँह में रोटी का टुकड़ा है। वह दूसरी लोमड़ी से रोटी का टुकड़ा (viii) —————— चाहती थी। उसने रोटी छीनने के लिए जैसे ही अपना मुँह खोला, वैसे ही रोटी का टुकड़ा (ix) —————— में (x) —————— गया। (xi) —————— में पड़कर लोमड़ी अपनी रोटी भी (xii) —————— बैठी।

सीख—लालच बुरी बला है।

अपठित गद्यांश

1 नीचे दिए गए गद्यांश को पढ़कर प्रश्नों के उत्तर दीजिए।

एक बढ़ई था। वह आरी से लकड़ी चीर रहा था। पेड़ पर बैठा एक बंदर उसे देख रहा था। बढ़ई आधी चीरी लकड़ी के बीच में खूँटी फँसा कर चला गया। नटखट बंदर पेड़ से नीचे उतरा। उसने लकड़ी में फँसी खूँटी ज़ोर से हिलाई। खूँटी उखड़ गई। बंदर की पूँछ चीरी हुई लकड़ी में फँस गई। बंदर कीं-कीं कर चिल्ला उठा। उसे अपनी शरारत की सज़ा मिल गई।

सही उत्तर पर (✓) का निशान लगाइए।

(i) बढ़ई क्या कर रहा था?

   (क) लकड़ी चीर रहा था   ☐   (ख) लकड़ी जला रहा था   ☐

   (ग) लकड़ी तोड़ रहा था   ☐   (घ) बैठा था   ☐

(ii) पेड़ पर बैठा बंदर किसे देख रहा था?

   (क) लकड़ी को   ☐   (ख) बढ़ई को   ☐

   (ग) आरी को   ☐   (घ) चिड़िया को   ☐

निम्नलिखित प्रश्नों के उत्तर दीजिए।

(iii) लकड़ी में फँसी खूँटी को किसने ज़ोर से हिलाया?

(iv) बंदर की पूँछ कहाँ फँस गई?

(v) बंदर को किस बात की सज़ा मिली?

(vi) नीचे दिए गए शब्दों के वचन बदलकर लिखिए।

(क) खूँटी ___________ (ख) लकड़ी ___________

2 नीचे दिए गए गद्यांश को पढ़कर प्रश्नों के उत्तर दीजिए।

एक बंदर पेड़ पर बैठा था। बंदर की पूँछ बहुत लंबी थी। इतनी लंबी थी कि ज़मीन तक लटक रही थी। एक गिलहरी ज़मीन पर उछल-कूद कर रही थी। अचानक उसे पूँछ दिखाई दी। उसने सोचा-यह झूला कहाँ से आ गया? थोड़ी देर पहले तो नहीं था। वह पूँछ पर चढ़कर झूलने लगी। बंदर को गुदगुदी हुई। उसने नीचे देखा। वह हँसकर बोला-"बहन गिलहरी। यह क्या कर रही हो? मुझे गुदगुदी हो रही है।" गिलहरी चौंकी—"बंदर भैया, यह तुम हो? मैं तो तुम्हारी पूँछ को झूला समझकर झूल रही थी। बड़ा मज़ा आ रहा था।" और गिलहरी हँसती हुई पेड़ की डाली पर चढ़ गई।

सही उत्तर पर (✓) का निशान लगाइए।

(i) पेड़ पर कौन बैठा था?

(क) गिलहरी ☐ (ख) बंदर ☐

(ग) शेर ☐ (घ) चिड़िया ☐

(ii) ज़मीन पर कौन उछल-कूद रही थी?

(क) चिड़िया ☐ (ख) बंदरिया ☐

(ग) गिलहरी ☐ (घ) चुहिया ☐

निम्नलिखित प्रश्नों के उत्तर दीजिए।

(iii) बंदर की पूँछ कहाँ तक लटकी हुई थी?

(iv) अचानक गिलहरी को क्या दिखाई दी?

(v) गिलहरी हँसती हुई कहाँ चढ़ गई?

नीचे दिए गए शब्दों के विलोम शब्द लिखिए।

(vi) हँसती ——————   (vii) नीचे ——————

3 नीचे दिए गए गद्यांश को पढ़कर प्रश्नों के उत्तर दीजिए।

एक कौए ने मोर के पंख लगा लिए और स्वयं को मोर समझकर मोरों की एक टोली में जा घुसा। उसे देखकर मोरों की टोली ने उसे फ़ौरन पहचान लिया। फिर क्या! दूसरे ही पल सारे मोर उस पर झपट पड़े। चोंच मारकर उसे अपनी टोली से दूर भगा दिया। रोता हुआ कौआ अपने घर में वापस लौट आया। उसके अपने दोस्त भी उसकी इस हरकत से नाराज़ हो गए थे। वे भी उस पर टूट पड़े। सारे कौओं ने मिलकर उसके पंख नोच डाले। नकल को अकल कहाँ!

सही उत्तर पर (✓) का निशान लगाइए।

(i) कौए ने किसके पंख लगा लिए थे?

(क) मोर के ☐   (ख) कोयल के ☐

(ग) कबूतर के ☐   (घ) बाज़ के ☐

(ii) मोरों की टोली ने किसे पहचान लिया?

(क) कौए को ☐   (ख) मोर को ☐

(ग) कोयल को ☐   (घ) बाज़ को ☐

निम्नलिखित प्रश्नों के उत्तर दीजिए।

(iii) मोरों ने कौए को अपनी टोली से कैसे भगा दिया?

(iv) रोता हुआ कौआ कहाँ लौट आया?

(v) कौए की हरकत से कौन नाराज़ हो गए थे?

(vi) नीचे दिए गए शब्दों के समान अर्थ वाले शब्द लिखिए।

(क) स्वयं ——————   (ख) फ़ौरन ——————

उत्तरमाला

अध्याय 1 ऊँट चला

- **पाठ आधारित प्रश्न**

  1. (i) (ख) हिल-डुलकर   (ii) (ग) ऊँचा   (iii) (घ) पीठ   (iv) (घ) बोझ   (v) (क) बैठेगा
  2. (i) (✗)   (ii) (✗)   (iii) (✓)
  3. (i) चल   (ii) फँसेगा

- **भाषा आधारित प्रश्न**

  1. (ii) रुकना   (iii) उठना   (iv) बुरा
  2. (i) (ग) लादना   (ii) (ङ) अच्छा   (iii) (घ) भार   (iv) (क) रेत   (v) (ख) उच्च
  3. (i) ऊँट   (ii) ऊँची   (iii) फँसेगा
  4. (i) जला, भला   (ii) सोने, रोने   (iii) भालू, शालू   (iv) हँसेगा, धँसेगा   (v) रात, सात

अध्याय 2 भालू ने खेली फुटबॉल

- **पाठ आधारित प्रश्न**

  1. (i) (ग) सुबह के वक्त   (ii) (ख) शेर का बच्चा   (iii) (घ) 12 बार   (iv) (ख) हर्जाना
  2. (i) (✗)   (ii) (✗)   (iii) (✓)
  3. (i) सैर   (ii) गर्मी   (iii) थक   (iv) ज़मीन   (v) माली
  4. (i) समझदार   (ii) शरारती   (iii) गुस्सेवाला
  6. (i) (क) खेलने को   (ii) (क) वृक्ष

- **भाषा आधारित प्रश्न**

  1. (i) (ग) समय   (ii) (घ) धुंध   (iii) (ख) जल्दी में   (iv) (क) जुर्माना या दंड
     (v) (च) पकड़ना   (vi) (ङ) दु:खी होना
  2. (ii) उधर   (iii) गए   (iv) पिछले
  3. (i) परंतु   (ii) फँसा   (iii) आँखें   (iv) वहाँ

अध्याय 3 म्याऊँ, म्याऊँ

- **पाठ आधारित प्रश्न**

  1. (i) (ग) लड़की   (ii) (ख) बिलखकर   (iii) (ख) चुहिया से
  2. (i) सो   (ii) चुहिया   (iii) डराना

- **भाषा आधारित प्रश्न**

  1. (i) (ख) सत्य   (ii) (घ) अचानक   (iii) (क) बार-बार   (iv) (ग) थोड़ा
  2. (i) दिन   (ii) जागी   (iii) हँसती   (iv) झूठ   (v) बैठी
     (vi) तेज़

3. (i) रा   (ii) ब   (iii) या   (iv) का, क
4. (i) सोई   (ii) रोई   (iii) बहुत   (iv) घड़ी
5. (i) मुझको   (ii) नाक   (iii) देखकर   (iv) बिलखकर
6. (i) पर, डर   (ii) खोती, पोती   (iii) गोली, होली   (iv) बड़ी, लड़ी   (v) कभी, अभी
7. (i) चुहिया ने   (ii) लड़की ने

अध्याय 4 अधिक बलवान कौन?

- **पाठ आधारित प्रश्न**

1. (i) (क) हवा की   (ii) (घ) टोपी   (iii) (ख) आदमी   (iv) (ख) सूरज
2. (i) ताकत   (ii) आदमी   (iii) गर्मी   (iv) हाथ
4. (i) (ख) हवा और सूरज में   (ii) (घ) हवा ने   (iv) फ़ायदा   (v) बलवान

अध्याय 5 दोस्त की मदद

- **पाठ आधारित प्रश्न**

1. (i) (क) लोमड़ी   (ii) (क) तालाब तक   (iii) (ग) 1 छलाँग में   (iv) (ख) कछुए को
2. (i) जान बचाकर   (ii) नाखूनों   (iii) माँद   (iv) आज़माकर   (v) पानी
3. (i) (✗)   (ii) (✓)   (iii) (✓)   (iv) (✓)   (v) (✗)
5. (i) (ख) तालाब में   (ii) (क) लोमड़ी से   (iii) कछुआ और लोमड़ी   (iv) तेंदुए से

- **भाषा आधारित प्रश्न**

1. (ii) (क) दुश्मनी   (iii) (च) अनेक   (iv) (ङ) ऊपर   (v) (ख) मुश्किल   (vi) (ग) दूर
2. (i) जल   (ii) उपाय   (iii) वृक्ष   (iv) मुख   (v) मित्र
   (vi) (ग) धीरे
3. (i) पहुँच   (ii) छलाँग   (iii) फेंक   (iv) खरोंच

अध्याय 6 बहुत हुआ

- **पाठ आधारित प्रश्न**

1. (i) (क) कीचड़-कीचड़   (ii) (ख) नानी   (iii) (ग) दिनभर और रातभर

- **भाषा आधारित प्रश्न**

1. (i) (ग) टपका   (ii) (च) बोर होना   (iii) (ङ) शांत   (iv) (क) तोता   (v) (ख) तालाब
   (vi) (घ) प्रार्थना
2. (i) जाएँ   (ii) कहाँ   (iii) फँसे   (iv) झेलें   (v) पिंजरे
   (vi) सड़कों

अध्याय 7 मेरी किताब

- **पाठ आधारित प्रश्न**

1. (i) (ख) बैठक में   (ii) (घ) बड़ी   (iii) (घ) 3 किताबें   (iv) (ख) मेज़ पर
2. (i) आँखें   (ii) धीरे   (iii) किताब   (iv) मोटी

3. (i) (✓)   (ii) (✗)   (iii) (✓)   (iv) (✗)

5. (i) (ख) वीरू ने   (ii) (घ) मौसी ने

- **भाषा आधारित प्रश्न**

    (i) मौसी   (ii) बैठक   (iii) ठिठक   (iv) किताब   (v) दीवारें
(vi) फ़ैसला

अध्याय 8 तितली और कली

- **पाठ आधारित प्रश्न**

1. (i) (ख) हरा   (ii) (ग) नन्हा और सुंदर (iii) (घ) तितली ने (iv) (ग) गली-गली तक
2. (i) (✗)   (ii) (✓)   (iii) (✗)

- **भाषा आधारित प्रश्न**

1. (i) (ख) शाखा   (ii) (ग) छोटी   (iii) (घ) साथ   (iv) (क) ख़ुशबू
2. (i) तुरंत   (ii) लगी   (iii) कली   (iv) आँखें   (v) छूने
   (vi) नन्ही   (vii) जागो   (viii) तुम्हारी
3. (i) सुंदर   (ii) संग   (iii) आँखें   (iv) रंगीली   (v) गली
   (vi) छिटककर

5. खिली, तितली

अध्याय 9 बुलबुल

- **पाठ आधारित प्रश्न**

1. (i) (घ) लाल   (ii) (घ) सिर   (iii) (ग) मनुष्यों से   (iv) (क) हल्के गुलाबी
2. (i) चिड़िया   (ii) स्वयं   (iii) अंडों, बिंदियाँ
3. (i) (✓)   (ii) (✗)   (iii) (✓)   (iv) (✗)   (v) (✗)
5. (i) (ग) कीड़े   (ii) (ख) कटोरे जैसा   (iii) फल और सब्जी (iv) (क) वृक्ष   (ख) तेज़
   (v) (क) बाहर (ख) पराया

- **भाषा आधारित प्रश्न**

1. (i) (ङ) जानना   (ii) (छ) अंतिम हिस्सा (iii) (क) पक्षियों के सिर पर निकला हुआ बालों का गुच्छा
   (iv) (च) बाग   (v) (ग) आसान   (vi) (घ) आक्रमण   (vii) (ख) थोड़ा

अध्याय 10 मीठी सारंगी

- **पाठ आधारित प्रश्न**

1. (i) (ख) रात के तीन-चार बजे   (ii) (ग) दो-चार दिन   (iii) (घ) सिरहाने में
   (iv) (क) सारंगी में
2. (i) झुँझलाया   (ii) खोली   (iii) सांरगी   (iv) ख़ुशामद
3. (i) (✗)   (ii) (✗)   (iii) (✓)   (iv) (✓)
5. (i) (ग) चौपाल में   (ii) (ख) भोला को   (iii) (क) खर्राटे की (iv) सारंगी   (v) उसे उँड़ेला
   (vi) मीठी बूँद

- **भाषा आधारित प्रश्न**

1. (i) (घ) खुशी   (ii) (च) चबूतरा   (iii) (ङ) सोने के समय सिर के नीचे का स्थान
    (iv) (क) मूर्खता   (v) (ख) गुस्सा करना   (vi) (ग) उलटना, गिराना

अध्याय 11 टेसू राजा बीच बाज़ार

- **पाठ आधारित प्रश्न**

1. (i) (ग) टेसू राजा   (ii) (ख) बीस लाख तेइस हज़ार   (iii) (ग) चार
2. (i) (✗)   (ii) (✓)   (iii) (✗)

- **भाषा आधारित प्रश्न**

1. (i) (ख) ज़ोर से बुलाना   (ii) (घ) अच्छा   (iii) (क) समूह या टोली   (iv)   (ग) कपड़े
2. (i) मध्य   (ii) समूह   (iii) गृह
3. (i) अनार   (ii) कंबल   (iii) कलकत्ता   (iv) तेइस
4. (i) बाज़ार   (ii) कलकत्ते   (iii) पत्ती   (iv) कितने

अध्याय 12 बस के नीचे बाघ

- **पाठ आधारित प्रश्न**

1. (i) (ख) दाहिनी तरफ़   (ii) (ग) बस के पीछे वाले दरवाज़े की तरफ़   (iii) (क) छोटा बाघ
    (iv) (घ) बस के पहिए के पास
2. (i) घर्र-घर्र   (ii) छोटे बाघ   (iii) भगाना   (iv) पंजे   (v) बस
4. (i) (ख) जंगल में   (ii) (ग) सड़क पर   (iii) सड़क पर   (iv) बस का खुला दरवाज़ा
    (v) अपने अगले पंजे बस की सीढ़ी पर रख दिए   (vi) अजीब   (vii) साफ़-साफ़
   (viii) (क) बाघिन   (ख) औरत

- **भाषा आधारित प्रश्न**

1. (i) (ग) अंदर   (ii) (ङ) एकदम से   (iii) (घ) सीधा हाथ   (iv) (क) जल्दी   (v) (ख) छुपना
2. (i) वन   (ii) नज़दीक   (iii) ओर   (iv) ध्वनि   (v) मनुष्य
   (vi) भय

अध्याय 13 सूरज जल्दी आना जी

- **पाठ आधारित प्रश्न**

1. (i) (ख) सूरज को   (ii) (ग) गोरी   (iii) (घ) कुहासा   (iv) (ग) बहाना
2. कुहासा, दिखता, घर, सच-सच, सूरज
3. (i) (✗)   (ii) (✓)   (iii) (✗)   (iv) (✓)

- **भाषा आधारित प्रश्न**

1. (i) (घ) धुंध, कुहरा   (ii) (ग) गीला होना   (iii) (ङ) रुकना   (iv) (क) जवाब देना (v) (ख) बात बनाना
2. (i) अनेक   (ii) काली   (iii) छाँव   (iv) देर   (v) उठा
   (vi) झूठ

अध्याय 14 नटखट चूहा

- **पाठ आधारित प्रश्न**

  1. (i) (ख) टोपी   (ii) (ग) रेशमी   (iii) (क) आइने में   (iv) (ग) सिपाही   (v) (घ) राजा

  2. (i) गुस्सा   (ii) दर्ज़ी   (iii) सितारे   (iv) सरपट

  3. (i) (✗)   (ii) (✗)   (iii) (✓)   (iv) (✗)   (v) (✓)

  5. (i) (ग) नटखट और चालाक   (ii) (क) बारिश   (iii) (घ) घबरा गया था

- **भाषा आधारित प्रश्न**

  1. (i) (घ) शरारती   (ii) (च) कपड़े सिलने वाला   (iii) (ङ) सोने के रंग के
     (iv) (छ) मूर्ख   (v) (क) बर्बाद कर देना   (vi) (ग) आज्ञा देना
     (vii) (ख) राजा के बैठने का आसन

  2. (i) छोटा   (ii) रात   (iii) अंदर   (iv) आगे

अध्याय 15 एक्की-दुक्की

- **पाठ आधारित प्रश्न**

  1. (i) (ग) मरियल-सी गाय को   (ii) (क) एक्की   (iii) (ख) झोंपड़ी   (iv) (ख) बूढ़ी अम्मा की
     (v) (ग) दोक्की

  2. (i) बाल   (ii) घूमकर   (iii) पानी   (iv) गले   (v) दोनों

  3. (i) (✓)   (ii) (✗)   (iii) (✓)   (iv) (✗)   (v) (✓)

  5. (i) (क) छोटे से घर में   (ii) (ग) घमंडी   (iii) (ग) अपनी बहन पर   (viii) (क) केश (ख) जल

- **भाषा आधारित प्रश्न**

  1. (i) (घ) जिसके सिर पर एक बाल हो   (ii) (ङ) चुप्पी   (iii) (क) आदेश
     (iv) (ग) दुबला या कमज़ोर   (v) (ख) सहायता

  2. (i) भाई   (ii) लड़का   (iii) बूढ़ा   (iv) पत्ती

  3. (i) उसे   (ii) उनको   (iii) मुझे

खंड ख

अध्याय 1 संज्ञा

1. राम, आम, पुस्तक, मेज़, दिल्ली, कलम, पानी

2. (i) राकेश   (ii) ताजमहल   (iii) दिल्ली   (iv) घड़ी

3. **वस्तु का नाम** कुर्सी, पेंसिल, पुस्तक, सेब   **व्यक्ति का नाम** राजीव, रीटा, नरेंद्र मोदी, प्रेमचंद
स्थान का नाम मुंबई, भोपाल, पटना, कानपुर

4. (i) पतंग,   (ii) आम,   (iii) पेड़,   (iv) कमल

6. (i) बाज़ार   (ii) आम   (iii) सुरेश   (iv) पानी

अध्याय 2 सर्वनाम

1. (i) हम   (ii) मेरा   (iii) मैं   (iv) तुम

2. (i) हम   (ii) वह   (iii) उसकी

3. (i) हमारे   (ii) मेरे   (iii) यह   (iv) तुम्हारी

4. (i) (ख) बाज़ार जाता हूँ। (ii) (घ) बाज़ार जाता है। (iii) (क) बाज़ार जाते हैं।
(iv) (ग) बाज़ार जाते हो।

6. (i) वह   (ii) उसके   (iii) वे   (iv) उनमें

अध्याय 3 विशेषण

1. (i) सुंदर   (ii) लंबा   (iii) मीठा   (iv) हरा
2. (i) शरारती   (ii) कड़वा   (iii) रंगीन
3. (i) (ख) सुंदर   (ii) (क) काले   (iii) (घ) मीठा   (iv) (ग) खट्टी
4. (i) ऊँची   (ii) मीठा   (iii) मोटा   (iv) शुद्ध
5. (i) सुगंधित, सुंदर   (ii) मीठा, रसदार   (iii) बड़ा, हवादार   (iv) पालतू, वफ़ादार

अध्याय 4 लिंग

1.   **पुल्लिंग**   **स्त्रीलिंग**
   (i) मोर   मोरनी
   (ii) लड़का   लड़की
   (iii) बकरा   बकरी

2. (i) बहन   (ii) माता   (iii) मुर्गी   (iv) चुहिया   (v) पुत्री
3. **स्त्रीलिंग** शेरनी, कुतिया, बेटी, कबूतरी, कोयल, मछली
   पुल्लिंग घोड़ा, हाथी, ऊँट, मालिक
4. (i) पढ़ता   (ii) गाती   (iii) रहता   (iv) रहती   (v) करती

अध्याय 5 वचन

1.   **एकवचन**   **बहुवचन**
   (i) पुस्तक   पुस्तकें
   (ii) घड़ा   घड़े
   (iii) पंखा   पंखे
   (iv) चींटी   चींटियाँ

2. (i) फूलों   (ii) कलियाँ   (iii) लड़कियाँ   (iv) चिड़ियाँ   (v) रातें
3. (i) कमरे, कमरा   (ii) अंडा, अंडे   (iii) पुस्तकें, पुस्तक
4. (i) (घ) मछलियाँ   (ii) (ग) बातें   (iii) (क) घोड़े   (iv) (ङ) मुर्गियाँ   (v) (ख) चीते

अध्याय 6 क्रिया

1. (i) चलना   (ii) लिखना   (iii) बोलना   (iv) गाना
2. (i) जा रहे हैं   (ii) हो रही है   (iii) हो चुकी है   (iv) देखा था
3. (i) पढ़   (ii) पी   (iii) नाच
4. (i) पी रही थी   (ii) आ गई   (iii) छीन लिया   (iv) डर गई   (v) रोने लगी
   (vi) हँसने लगी

अध्याय 7 पर्यायवाची शब्द

1. (ii) मेघ - बादल   (iii) गृह - घर   (iv) धरती - पृथ्वी   (v) जल - पानी

2. (i) सवाल   (ii) सूरज   (iii) रात्रि   (iv) वृक्ष   (v) खाना
(vi) पुष्प   (vii) दुश्मन   (viii) दोस्त

3. (i) वन   (ii) वस्त्र   (iii) शशि   (iv) पवन   (v) बालिका

4. (i) (घ) पहाड़   (ii) (च) मार्ग   (iii) (ख) मयूर   (iv) (ङ) मौत   (v) (क) गौ
(vi) (ग) कुक्कुर

अध्याय 8 अनेक शब्दों के लिए एक शब्द

1. (i) (ख) दुर्बल   (ii) (ग) निर्धन   (iii) (क) खूबसूरत

2. (i) मोची   (ii) चोर   (iii) अमर

3. (i) किसान   (ii) मांसाहारी   (iii) आस्तिक   (iv) अविनाशी

4. (i) जो भगवान को न मानता हो   (ii) पाप करने वाला   (iii) सब्जी बेचने वाला
(iv) कपड़े सिलने वाला

5. (i) (✓)   (ii) (✓)   (iii) (✗)   (iv) (✗)   (v) (✓)

खंड ग

अध्याय 3 कहानी लेखन

1. (i) पीतल   (ii) नदी   (iii) बाढ़   (iv) बाढ़   (v) मिट्टी
(vi) फ़ासले   (vii) दोस्त   (viii) धक्के   (ix) वजह   (x) टकराएँगे
(xi) बचाने   (xii) बच   (xiii) टुकड़े-टुकड़े   (xiv) अलग-अलग

2. (i) राजा   (ii) बंदर   (iii) सेवक   (iv) साथ   (v) दरबार
(vi) रोक-टोक   (vii) विश्राम   (viii) पंखे   (ix) मक्खी   (x) नाक
(xi) कोशिश   (xii) बार-बार   (xiii) गुस्सा   (xiv) तलवार   (xv) वार
(xvi) कट

3. (i) लोमड़ी   (ii) भूखी   (iii) रोटी   (iv) मुँह   (v) नदी
(vi) पुल   (vii) परछाई   (viii) छीनना   (ix) पानी   (x) गिर
(xi) लालच   (xii) खो

खंड घ

अपठित गद्यांश

1. (i) (क) लकड़ी चीर रहा था   (ii) (ख) बढ़ई को   (iii) बंदर ने   (iv) चीरी हुई लकड़ी में
(v) शरारत करने की   (vi) (क) खूँटियाँ (ख) लकड़ियाँ

2. (i) (ख) बंदर   (ii) (ग) गिलहरी   (iii) जमीन तक   (iv) बंदर की पूँछ   (v) पेड़ की डाली पर
(vi) रोती   (vii) ऊपर

3. (i) (क) मोर के   (ii) (क) कौए को   (iii) चोंच मारकर   (iv) घर   (v) उसके दोस्त
(vi) (क) अपना (ख) जल्दी